U0927381

本书为中国社会科学院“‘一带一路’法律风险防范与法律机制构建”大型调研项目最终成果

法治“一带一路”文库编委会

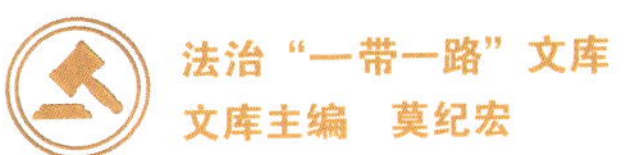

国际仲裁中心发展与中国路径研究

A Study on the Development of International Arbitration Centers and the Chinese Approach

毛晓飞　王金涛　刘红　等著

中国社会科学出版社

图书在版编目(CIP)数据

国际仲裁中心发展与中国路径研究 / 毛晓飞等著．—北京：中国社会科学出版社，2023．6

(法治“一带一路”文库)

ISBN 978－7－5227－1005－1

Ⅰ．①国…　Ⅱ．①毛…　Ⅲ．①国际仲裁—仲裁机构—发展—研究　Ⅳ．①D994

中国版本图书馆CIP数据核字(2022)第216533号

出 版 人　赵剑英
责任编辑　郭曼曼　曲　迪
责任校对　闫　萃
责任印制　李寡寡

出　　版　中国社会科学出版社
社　　址　北京鼓楼西大街甲158号
邮　　编　100720
网　　址　http://www.csspw.cn
发 行 部　010－84083685
门 市 部　010－84029450
经　　销　新华书店及其他书店

印刷装订　北京君升印刷有限公司
版　　次　2023年6月第1版
印　　次　2023年6月第1次印刷

开　　本　710×1000　1/16
印　　张　10
插　　页　2
字　　数　139千字
定　　价　58.00元

法治"一带一路"文库总序

莫纪宏*

2013年9月和10月，国家主席习近平分别提出建设"新丝绸之路经济带"和"21世纪海上丝绸之路"的合作倡议。2015年3月28日，国家发展和改革委员会、外交部、商务部联合发布了《推动共建丝绸之路经济带和21世纪海上丝绸之路的愿景与行动》。"一带一路"倡议旨在借用古代丝绸之路的历史符号，高举和平发展的旗帜，积极发展与沿线国家的经济合作伙伴关系，共同打造政治互信、经济融合、文化包容的利益共同体、命运共同体和责任共同体。

"一带一路"倡议是在党的十八大以来实行全面推进依法治国战略的历史背景下提出的，因此，作为治国理政的基本方式，在国家战略层面，法治始终与"一带一路"倡议的实施行动并肩前行，起到了很好的保驾护航的作用。习近平总书记高度重视法治在共建"一带一路"中的重要作用。在2019年11月10日给中国法治国际论坛的贺信中，习近平总书记指出，推动共建"一带一路"，需要法治进行保障，中国愿同各国一道，营造良好法治环境，构建公正、合理、透明的国际经贸规则体系，推动共建"一带一路"高质量发展，更好造福各国人民。

但也要看到，"一带一路"倡议实施以来，由于缺乏对境外法治环

---

* 莫纪宏，中国社会科学院法学研究所所长、研究员，中国社会科学院大学法学院院长、教授。

境状况的充分了解，中国企业和公民走出国门后面临诸多不可预测的法律风险，不仅出境后的资产面临合法性的挑战，资本正常运行的制度保障也受到各种非法因素的干扰，中国企业和公民在境外的合法权益尚未得到法治原则的有效保护，造成了一些非预期的财产损失，甚至人身权益也受到了威胁。种种迹象表明，中国企业和公民要走出国门，要保证人身权益和财产权益的安全性，必须要寻求法治的庇护。一方面，我们自己的企业和公民应有合规意识，要懂得尊重驻在国的法律制度，要学会运用驻在国法律乃至国际法来保护自己的合法权益；另一方面，对于走出国门的中国企业和公民可能面临的潜在的法律风险，必须要提早作出预判，并且要有相应的法律服务机制加以防范。对此，除了在“一带一路”倡议具体的实施行动中采取各种有针对性的法律防范措施之外，还需要从宏观层面整体把握“一带一路”倡议实施中可能遇到的法律风险，在全面和详细了解中国企业和公民走出国门后实际遇到的各种法律风险和法律问题基础上作出正确的判断、提出有效的应对之策。

为了加强对法治“一带一路”问题的系统性研究，2018 年年底，时任中国社会科学院院长谢伏瞻学部委员牵头设立了中国社会科学院大型海外调研项目“‘一带一路’法律风险防范与法律机制构建”（课题编号：2019YJBWT003），具体实施工作由我负责，中国社会科学院法学所、国际法所、西亚非所、世经政所、拉美所等所的相关科研人员参加。课题的主要工作就是到“一带一路”国家去调研，了解中国企业和公民走出去之后所面临的各种法律风险，研究这些法律风险形成的原因，提出解决法律风险的对策和建议。2019 年课题组到近 20 个国家进行了深入的“海外”基层调研，走访了大量中国企业、机构、组织，掌握了大量的第一手材料，撰写了近 50 篇内部研究报告，很多要报反映的情况和提出的建议引起了有关领导和部门的高度重视。2020 年初突发的新冠疫情使得课题原计划继续实施的海外调研工作不得不中止。但课题组对“一带一路”法律风险问题的研究并没有止步。在过去的三年中，课题组加强了对法治“一带一路”的基础理论问题研究，收集和整理了“一带一路”沿线国家和相关国家的法律制度方面的资料，进行分类研究，全面和系统地梳理了“一带一路”倡议实施行动中所面临的各种具体法律制度和法治环境的特点以及可能存在的法律风险点，既有法理上的介绍和阐释，又有法律服务和应用上的具体指导，形成了这套可以充分了解和有效防范“一带一路”法律风险的知识体系和实用性指南性质的法治“一带一路”文库。

法治“一带一路”文库作为中国社会科学院大型海外调研项目“‘一带一路’法律风险防范与法律机制构建”的重要学术成果，得到了谢伏瞻院长、中国社会科学院科研局和国际合作局领导的大力支持，同时也得到了法学所、国际法所、西亚非所、世经政所、拉美所等社科院同事的倾力相助，特别是中国社会科学出版社王茵副总编、喻苗副主任对文库的面世作出了最无私的奉献，在文库出版之际，一并表示衷心感谢。正是因为各方的齐心合力，法治“一带一路”文库才能为中国企业和公民走出国门提供最有力的指导和帮助，贡献课题组的微薄之力。

2023 年 4 月于北京海淀紫竹公寓

课题组主要负责人：

毛晓飞　中国社会科学院国际法所国别法研究室副主任、副研究员

刘世虎　司法部公共法律服务管理局副处长

李登华　武汉仲裁委员会副主任、仲裁办党组成员、副主任

王金涛　哈尔滨仲裁委员会副秘书长

刘　红　西安仲裁委员会仲裁研究中心主任

张子君　青岛仲裁委员会办公室仲裁监督处处长

课题组成员（按拼音顺序）：

陈　迈　傅　灼　符志远　李振贤　李永宏

李靖宇　卢扬逊　慕　钦　陶俊波　田有赫

王　晶

课题组顾问：

莫纪宏　中国社会科学院法学研究所所长、研究员

柳华文　中国社会科学院国际法研究所副所长、研究员、涉外法治研究中心主任

刘敬东　中国社会科学院国际经济法室主任、研究员

邓焕礼　原青岛仲裁委员会办公室党组书记、主任兼秘书长

徐文新　西安仲裁委员会副主任兼秘书长

罗　平　武汉仲裁委员会常务副主任、仲裁办党组书记、主任

王雨轮　哈尔滨仲裁委员会专职副主任

前　言

仲裁是一种历久弥新的替代性纠纷解决方式。人类关于仲裁活动的记录甚至可以追溯到公元前2550年，古代美索不达米亚的基什城邦国王梅西利（Mesilim）在王室铭文中记载自己通过仲裁解决了拉加什与乌玛两个城邦之间的边界争议，而这场激烈的城邦之战也是人类历史上记载较早的战争之一。今天，仲裁在国际商事纠纷解决领域仍大放异彩，它因融合当事人意思自治、灵活便捷以及裁决跨境执行便利等诸多优点而备受国际商事主体的青睐，成为解决跨境贸易、投资纠纷的优选之法。对于国际仲裁当事人而言，选择何国何地作为仲裁地至关重要，这不仅关乎国际仲裁的费用与成本，还将产生与仲裁协议效力、仲裁程序法适用以及法院司法管辖权等一系列相关的法律后果。从全球范围来看，英国伦敦、法国巴黎、瑞士日内瓦、中国香港和新加坡等地长期以来都是国际仲裁当事人优选的仲裁地，在这里形成了仲裁立法者、司法者、仲裁机构、仲裁员和仲裁律师事务以及其他为仲裁提供法律服务的组织与人员等多主体共同参与的优质国际仲裁法律生态系统，成为不同法域内的国际仲裁中心。

在中国，随着商事仲裁行业的不断成熟，如何在不同区域发展具有全国乃至全球影响力的国际仲裁中心也日益受到关注。2018年12月31日，中共中央办公厅、国务院办公厅在《关于完善仲裁制度提高仲裁公信力的若干意见》中明确提出要认真贯彻落实仲裁法律制度、改革完善仲裁委员会内部治理结构、发展仲裁区域化、推进仲裁制度改革创新，提高仲裁服务国家全面开放和发展战略的能力。司法部提出了“中国仲裁2022方案”，其中一项重要任务即为“全力支持和培育具有全国乃至全球影响力的仲裁中心”。在新的历史条件下，商事仲裁改革发展被纳入党和国家议事日程，成为国家治理体系和治理能力现代化的重要组成部分。

本书围绕国际仲裁中心发展问题从理论基础与路径模式以及评估体系等多维度进行综合研究，包括五章内容。

第一章概述研究国际仲裁中心问题的现实性与迫切性。尽管对于国际仲裁中心现象存在仲裁界的共识，但就国际仲裁中心的基本概念、形成机制、运行逻辑以及核心要素等诸多方面仍语焉不详，这导致中国发展国际仲裁中心的政策目标面临缺乏理论支撑与可行方案的难题。本研究试图采用实证分析、比较分析、类型分析以及要素分析的社会科学研究方法，展开系统研究得出相应结论。

第二章将探讨国际仲裁中心发展的基础理论，提出国际仲裁中心的基本概念及其内涵外延，同时对域外成熟国际仲裁中心的发展情况进行系统分析。选取英国伦敦、中国香港、法国巴黎、瑞典斯德哥尔摩、瑞士日内瓦以及新加坡六个国际仲裁中心，归纳出“经济驱动模式”“国际组织模式”“中立国模式”“国家倡导模式”四种不同发展路径，表明中心发展可以多元选择，无须将某一模式奉为圭臬，关键是要依据本土优势，因循国际仲裁发展的基本逻辑，走出特色之路。

第三章着重提炼支撑中国国际仲裁中心的十个要素：第一，区位经济发展优势；第二，仲裁法律制度成熟程度；第三，政府对仲裁的政策支持；第四，法院系统对仲裁的司法保障；第五，仲裁机构的运作效度；第六，仲裁规则的效用；第七，仲裁员的专业能力；第八，市场主体的仲裁法律意识；第九，区域法律服务体系的健全程度；第十，仲裁研究与人才培养情况。在要素归类的基础之上，本章通过德尔菲法、问卷调查与数学建模相结合，对支撑要素的权重进行分配。

第四章着力构建国际仲裁中心的评估指标体系。通过一套相对科学系统的量化评估指标体系，可以对中国不同地区发展国际仲裁中心进行对标检验、查漏补缺、发现问题，为参与国际仲裁中心建设的相关主体提供优化改善的科学依据，同时也有助于仲裁当事人进行监督与选择。评估指标体系既可用于事前评估，为政府部门的先期决策提供有价值的参考，也可用于事后评估，对一段时间发展后的国际仲裁中心运营情况作出客观评估。

第五章通过分析中国仲裁行业当下面临的现实情况，比照国际仲裁中心发展的支撑要素，提出建设国际仲裁中心的专家意见，供政府部门以及承担国际仲裁中心建设的相关机构与组织作为参考。

本报告为中国社会科学院国家治理智库、“一带一路”法律风险防范与法律机制构建调研项目及国际仲裁中心建设系列项目成果。由中国社会科学院国际法所、涉外法治研究中心负责，联合司法部公共法律服务管理局、中国仲裁法学研究会、中国政法大学、青岛仲裁委员会、西安仲裁委员会、武汉仲裁委员会、哈尔滨仲裁委员会等机构的相关同志组成课题组。

目　　录

一　研究目的与方法

（一）发展国际仲裁中心的迫切性与研究匮乏

随着全球经贸活动日益频繁，不同文化背景和法律制度下的各国市场主体越来越多地参与到国际经济贸易活动中。这些国际经贸活动很好地满足了各个国家的生产生活需要，增进了人类福祉，但不可否认的是，频繁的经贸活动会导致更多纠纷的产生，而解决纠纷以促进经贸发展，需要各种纠纷解决机制发挥作用。多年的实践证明，仲裁因其中立性、执行力、灵活性、保密性等优势，成为解决国际商事纠纷的首要选择。根据伦敦玛丽女王大学最新发布的《2021 国际仲裁调查报告》结果显示，高达90%的受访者认为，国际仲裁是解决跨境纠纷的首选方法，或者是单独使用（31%），或者是与替代性争议解决机制（ADR）联合使用（59%）。① 而且，在国际商事仲裁发展的历史进程中，全球范围内逐步形成了一些具有高知名度和影响力的国际仲裁中心，主要包括：英国伦敦、法国巴黎、中国香港、瑞典斯德哥尔摩、瑞士日内瓦和新加坡等地。这些知名国际仲裁中心普遍具有仲裁机构公信力高，仲裁员专业能力强，仲裁规则先进，仲裁与其他法律服务组织衔

① “2021 International Arbitration Survey：Adapting Arbitration to a Changing World”, Queen Mary University of London（School of International Arbitration）, https://arbitration.qmul.ac.uk/research/2021-international-arbitration-survey/.

接顺畅，当事人覆盖范围广等显著特征，是国际商事主体优选的仲裁地。

中国商事仲裁紧随改革开放的时代步伐，从计划经济体制下的行政仲裁脱胎发展为与社会主义市场经济相匹配的现代商事仲裁体系，该体系不仅表征为以《中华人民共和国仲裁法》（以下简称《仲裁法》）为核心，以相关行政法规与政策、司法解释、司法文件以及各仲裁机构的仲裁规则为辅助的民商事仲裁法律规范体系，还表征为全国范围内由270家仲裁机构组成的民商事仲裁法律服务机构、[①] 人民法院的仲裁司法监督系统以及以律师和兼职仲裁员为主的仲裁服务支持系统、以企业等市场主体为主的仲裁用户系统。

中国商事仲裁体系的常态化运转，为社会经济发展和对外开放做出了重大贡献，但是也必须清醒地认识到，现有商事仲裁体制机制仍存在诸多不足，[②] 实质性地制约了仲裁事业的国际化发展，难以为"一带一路"倡议的实施以及中国企业"走出去"提供有力的法律保障。仲裁机构内部治理结构及运行机制错位、仲裁法律制度不完善、仲裁活动的监督制约机制不健全与相关支持保障不到位等突出问题的存在，导致中国商事仲裁在国际上的影响力、竞争力以及公信力都较弱。以2018—2020年统计为例，全国仲裁案件总数约为142万件，涉外仲裁案件约8100件，占比仅为0.6%。纯粹的国际性商事纠纷几乎不会选择在中国境内通过仲裁解决，大量与中国相关的涉外仲裁案件也在境外审理并裁决，而这与中国世界第二大经济体、第一大出口

---

① 《关于〈中华人民共和国仲裁法（修订）（征求意见稿）〉的说明》，中华人民共和国司法部，2021年12月1日，http://www.moj.gov.cn/pub/sfbgw/zlk/202107/t20210730_432965.html。

② 宋连斌、赵健：《关于修改1994年中国〈仲裁法〉若干问题的探讨》，《国际经济法论丛》第4卷，法律出版社2001年版，第597—605页；王红松：《〈仲裁法〉存在的问题与修改建议》，《北京仲裁》2004年第2期；陈小君：《也谈仲裁法的修订》，《商事仲裁》2006年第1卷；余先予、叶明：《关于仲裁法修改的几个问题》，《商事仲裁》2006年第1卷。

国、第二大对外直接投资国的全球经济地位极不匹配。

在新的历史条件下，商事仲裁改革发展被纳入党和国家议事日程，成为国家治理体系和治理能力现代化的重要组成部分。党的十八届四中全会提出“完善仲裁制度，提高仲裁公信力”的要求，党的十九大报告明确“全面推进依法治国、建设法治中国”的工作目标，党的十九届三中全会提出“推进中国特色社会主义法治体系建设，打好防范化解重大风险攻坚战”的要求，党的十九届五中全会提出“基本实现国家治理体系和治理能力现代化，人民平等参与、平等发展的权利得到充分保障，基本建成法治国家、法治政府、法治社会”，这些重要判断和要求都为商事仲裁事业的改革与发展指明了方向。2018 年 12 月 31 日，中共中央办公厅、国务院办公厅在《关于完善仲裁制度提高仲裁公信力的若干意见》（以下简称《若干意见》）中明确提出要认真贯彻落实仲裁法律制度、改革完善仲裁委员会内部治理结构、发展仲裁区域化、推进仲裁制度改革创新，提高仲裁服务国家全面开放和发展战略的能力。为充分贯彻落实《若干意见》，统筹推进中国仲裁事业的发展，司法部提出“中国仲裁 2022 方案”，其中一项重要任务即为“全力支持和培育具有全国乃至全球影响力的仲裁中心”。

然而，针对国际仲裁中心的理论性与体系性研究十分匮乏。大多数研究着重于某个地方的仲裁法律制度、仲裁法律服务环境分析，或是以国际化的仲裁机构为考察对象，而鲜有针对世界范围内已经形成和正在蓬勃兴起的国际仲裁中心现象的深入分析，总体呈现碎片化和局部化的特征。

国外相关研究主要以仲裁地为基点。2015 年英国皇家特许仲裁员协会的一个工作小组在彼得·格登史密斯爵士（Peter Goldsmith）和道格·琼斯教授（Doug Jones）的带领下，提出了一个地方成为受欢迎的“仲裁地”所应遵循的十项原则，亦称“伦敦原则”，包括：（1）良好的仲裁法律制度；（2）独立的司法；（3）国际仲裁的独立性；

（4）优质的法学教育；（5）可进入性与安全性；（6）优良的设施；（7）专业道德水准；（8）庭审或会议地点；（9）仲裁协议与裁决的认可与执行；（10）仲裁员豁免。[①] 另外，伦敦玛丽女王大学开展的国际仲裁调查中也就仲裁地选择对受访者进行调查。例如，《2021 国际仲裁调查报告》对受访者的问题是，要使其他仲裁地更具吸引力需要何种调整措施，选项包括：（1）当地法院和司法机关为仲裁提供更多支持；（2）提高当地法律制度的中立性和公正性；（3）在执行仲裁协议和仲裁裁决方面的更好记录；（4）执行紧急仲裁员的决定或仲裁庭命令的临时措施的能力；（5）当地法院远程处理与仲裁有关的事项的能力；（6）允许以电子方式签署裁决；（7）司法管辖区的政治确定性；（8）司法管辖区允许第三方资助；（9）其他。然而，课题组发现国际仲裁调查问卷中的问题与相应选项会随着历次调查主题变化有所调整。[②] 例如，2018 年调查的问题是让受访者挑选自己倾向于选择某个仲裁地的四个最重要理由，提供的选项是：（1）仲裁地的声誉与认可度；（2）地方司法的中立性与独立性；（3）国家仲裁法律制度；（4）仲裁协议和裁决的执行记录；（5）仲裁地的仲裁员水平；（6）地方司法程序的效率；（7）人员所在地（包括专家、会计、秘书以及庭审服务人员）；（8）仲裁地的专业律师；（9）庭审地方与设施的质量；（10）成本；（11）语言；（12）仲裁机构地点的选择；（13）当地文化熟悉度；（14）其他。[③] 这样，尽管选择仲裁地与国际仲裁中心的形成直接相关，仲裁地选择的考虑因素对分析国际仲裁中心的要素具

---

① “A Framework for Evaluating the Best Arbitral Seat”, CIArb, November 30, 2018, https://ciarb. org/resources/features/a-framework-for-evaluating-the-best-arbitral-seats/.

② “2021 International Arbitration Survey: Adapting Arbitration to a Changing World”, https://arbitration. qmul. ac. uk/research/2021-international-arbitration- survey/, Queen Mary University of London (School of International Arbitration), p. 8.

③ “2018 International Arbitration Survey: The Evolution of International Arbitration”, Queen Mary University of London (School of International Arbitration), https://arbitration. qmul. ac. uk/media/arbitration/docs/2018-International-Arbitration-Survey—The-Evolution-of-International-Arbitration-(2). pdf.

有极强的参考价值，但就国际仲裁中心问题本身而言仍缺乏规律性与针对性。

在国内研究中，上海国际经济贸易仲裁委员会课题组最早基于上海构建国际仲裁中心的需要对国际仲裁中心的基本特征以及本地发展的资源与优势进行专题研究，归纳出国际仲裁中心应当具备完善的仲裁法律制度、谙熟仲裁制度的法官群体、优秀的仲裁机构、强大的仲裁从业者队伍、成熟的仲裁员培训体系、友好的仲裁城市环境以及地理环境七项基本特征。① 除此之外，国内研究中大量存在的是针对特定地区的国际仲裁法律制度和国际仲裁机构分析。例如，苏艺靓在《新加坡仲裁制度新发展述评》中对仲裁机构及规则进行了研究分析，作为新加坡唯一的仲裁机构，新加坡国际仲裁中心成立于1990年，由起初主要处理建筑工程、船运、银行和保险类纠纷逐渐向国际化仲裁中心发展，不断修改规则以适应社会经济的发展和变化，追求快速、经济、高效解决纠纷的目标。② 伍俐斌在《香港建设“一带一路”仲裁中心的机遇、挑战与路径》一文中着重阐述了香港建设国际仲裁中心的优势，指出香港仲裁业发展历史悠久，已经建立了比较完备的仲裁法律体系，在国际上积累了较高声誉；香港专业服务发达，为仲裁提供了丰厚的人才储备；香港的仲裁规则、程序等制度设计在国际上居于领先水平。③ 漆彤在《伦敦国际仲裁院及其借鉴》一文中分析了伦敦国际仲裁院的特色，对仲裁机构的运作效度、仲裁规则的效用和区域法律服务体系的健全程度在伦敦国际仲裁院的体现进行了着重阐述，并指出仲裁员专业能力对于伦敦国际仲裁院成为世界领先的解决商业纠纷的国际机构的重要性。④

---

① 上海国际经济贸易仲裁委员会课题组：《上海构建国际仲裁中心路径研究》，《上海国际仲裁评论》（2018 年卷），法律出版社 2018 年版，第 1—8 页。

② 苏艺靓：《新加坡仲裁制度新发展述评》，《东南司法评论》2017 年第 10 期。

③ 伍俐斌：《香港建设“一带一路”仲裁中心的机遇、挑战与路径》，《特区实践与理论》2018 年第 3 期。

④ 漆彤：《伦敦国际仲裁院及其借鉴》，《人民法院报》2017 年第 8 版。

总体来看，以国际仲裁中心本身为对象的研究尚付阙如，因此，本书将围绕国际仲裁中心的基本概念、发展历程、典型模式等多个方面进行深入考察，在借鉴现有研究成果的基础上展开系统性研究，以填补空白。

（二）法社会学的方法

本书将引入法社会学研究的视角与方法。国际仲裁法律问题之所以能够以法社会学的方法来分析是因为法律本身就可以被当作一种社会事实进行观察、描述与分析。无论是客观的自然现象事实，还是具有主观因素的社会交往事实，只要与法律相关，都可以通过法社会学的视角来加以研究。国际仲裁中心的发展问题不仅涉及不同国家和地区的仲裁法律制度规范以及仲裁司法实践，同时还受到诸如经济因素、社会因素与城市环境等多重因素的影响，因而需要引入多元的研究方法。法社会学研究不仅可以包含法学研究中传统的文本分析、案例研究以及法律比较研究方法，同时还可以采用问卷调查、访谈、统计分析等其他多种方法。

从国际仲裁中心建设的理论基础、内部机制以及相关对策研究的具体需要出发，本书将采取实证分析、比较分析、类型分析以及数学建模分析等多种研究方法。实证分析作为本书的基础研究范式是课题组获取第一手数据并进行深入研究的出发点。实证分析对于国际仲裁中心建设这一兼具理论与实践意义、政策与制度高度的课题研究显得尤为关键。课题组设计并发放调研问卷，向东北、西北、西南、东南地区的仲裁机构工作人员、仲裁员、律师、法官、科研机构人员、企业法务六类人员进行调研，得出对国际仲裁中心的基本共识。

比较分析方法重在通过对国际知名仲裁中心的研究与比较，突破先进经验介绍层面的“描述性比较”，以政策目的为导向，聚焦各国际仲裁中心在形成或建成过程中所要面对和解决的同类问题，以中心设立目标为重点，以国际仲裁中心所解决的问题或实现的功能为“比较项”，探寻国际仲裁中心的制度设计初衷。具体而言，通过类型化研究国际仲裁中心的形成路径，比较研究提取域外国际仲裁中心形成及运作的驱动模式与基本经验，在区别中外法律传统、民族文化和社会条件的前提下，功能性地确定中国国际仲裁中心发展的路径选择。

作为比较分析方法的延伸与深化，类型分析法将比较对象依据特定标准进一步提炼为经济驱动模式、国际组织模式、中立国模式与国家倡导模式，以增加比较的维度与层次。

对于支撑国际仲裁建设与发展的核心要素及其权重，课题组将采取德尔菲法（又称“专家调查法”），通过多轮地向仲裁专家征求意见获得核心要素及其权重。课题组还将采取数学建模方法对调查问卷所得数据进行分析，采取 K 均值聚类算法、流形学习中的多维尺度分析法（MDS）和主成分分析法三种方法。通过 K 均值聚类算法计算，得到每道题各选项的重要、次要性，对数据进行处理，得到各要素之间需要的选项。通过流形学习 MDS 方法，把各要素的高维矩阵进行降维，降维到一维，得到要素与被调查人员的矩阵。最终，通过主成分分析法得到各要素的贡献率，即各要素的权重，以印证通过德尔菲法得到的结论。

二　国际仲裁中心发展的理论基础

（一）国际仲裁中心的定义与内涵

目前学术界对于何为“国际仲裁中心”尚无明确定义，而且使用这一表述时存在语焉不详的问题。其主要原因是，在实践中“国际仲裁中心”经常会用于作为某个仲裁机构的名称，例如，新加坡国际仲裁中心（Singapore International Arbitration Centre，SIAC）就是一个在新加坡注册成立的可以管理国际仲裁案件的仲裁机构。同样，香港国际仲裁中心（Hong Kong International Arbitration Centre，HKIAC）也是一个国际仲裁机构的名称。在中国，诸如北京国际仲裁中心、上海国际仲裁中心、武汉国际仲裁中心、青岛国际仲裁中心等，也会作为仲裁委员会增加的名称出现。这样就导致在谈及国际仲裁中心时容易与特定机构名称相混淆。

然而，本书所探讨的“国际仲裁中心”不是指作为机构名称的国际仲裁中心，而是一个内涵更为广泛且可以包含仲裁机构的概念。在某种程度上，它更接近于以具有全球性或区域性影响力的仲裁机构为核心、仲裁和法律服务受当事人欢迎的仲裁地。在国际商事仲裁的理论和实践中，仲裁地一词可以从地理意义和法律意义两方面来理解。在地理意义上，仲裁地是指仲裁程序实际发生的主要地点（当然不是说所有的程序都发生在仲裁地)。[①] 在法律意义上，仲裁地是仲裁与特定法律制度之间建立联系的地点，仲裁必须遵守仲裁地法律的强制性规定，[②] 仲裁裁决应视为在仲裁地作出。[③] 在国际仲裁早期，仲裁地的法律含义与地理含义是统一的，如果当事人约定选择巴黎作为仲裁地，那么相应的仲裁活动也在当地进行。然而，随着20世纪以后国际交往的日益频繁与便捷，跨国交通与通信的便利化使得仲裁开庭或者仲裁裁决作出的地点未必一定是当事人在协议中约定的仲裁地点。仲裁地的法律含义与地理含义为适应国际仲裁的契约性与灵活性发生了分离。当事人与仲裁庭完全可以选择在约定仲裁地以外的地方进行庭审、合议或作出裁决，然而，仲裁裁决异议仍由仲裁地法院进行管辖，相关裁决的籍属也为仲裁地裁决。在新冠肺炎疫情的影响之下，不少国际仲裁案件通过网络进行远程听证和远程合议，约定仲裁地点的地理重要性似乎在进一步消退。国际仲裁中心所在地必然是受国际商事主体欢迎的仲裁地，一方面，要能够提供仲裁地法律含义所指向的国际仲裁立法以及国际仲裁司法的优越性；另一方面，还要包含仲裁地的基础设施建设、交通情况、经济发展水平以及配套法律服务等其他方面的内容。因此，它不是仲裁地法律含义与地理含义的分离，而是更加强调综合性与系统性。

那么，究竟何为“国际仲裁中心”？在结合已有理论研究的基础上，课题组专门就国际仲裁中心问题向东北、西北、西南、东南地区的仲裁机构工作人员、仲裁员、律师、法官、科研机构人员、企业法

---

① 韩健：《现代国际商事仲裁法的理论与实践》，法律出版社2000年版，第219页。

② 向阳：《最受欢迎国际商事仲裁地之析》，《北京仲裁》2009年第3辑；Filip De Ly, “The Place of Arbitration in the Conflict of Laws of International Commercial Arbitration: An Exercise in Arbitration Planning”, *Journal of International Law & Business*, Vol. 12, Issue 1, 1991, pp. 1–39.

③ 郭寿康、赵秀文主编：《国际经济贸易仲裁法》，中国法制出版社1995年版，第126页；樊堃：《仲裁在中国：法律与文化分析》，樊堃等译，法律出版社2017年版，第25—27页。

务六类人员进行问卷调研。通过回收的171份调查问卷发现，获得受访者较高认可度的国际仲裁中心，其外在特征为：仲裁机构具有较强公信力，仲裁员专业能力强、熟悉国际仲裁业务，仲裁机构服务好效率高，仲裁规则先进，仲裁与其他法律服务组织衔接顺畅，当事人覆盖范围广。同时，国际仲裁中心应以提供优质仲裁服务为核心任务，满足“区域性、国际性、聚合性、服务性”的内在特征。

为此，本书将国际仲裁中心定义为：“在特定法域内以一个或多个城市向外辐射的区域为基础，以仲裁机构为引擎，聚合其他上下游法律服务机构或组织，为国内外市场主体预防和解决纠纷，提供仲裁及相关法律服务的具有国际影响力的优质生态系统。”

具体而言，国际仲裁中心的具体内涵包括：

（1）国际仲裁中心的功能是提供优质仲裁及相关法律服务。国际仲裁中心通过以仲裁为主，兼顾调解、和解、诉讼衔接等多元纠纷解决方式，公正、高效地解决当事人之间的民商事纠纷。

（2）国际仲裁中心的主体是仲裁机构及其上下游法律服务组织。仲裁机构作为国际仲裁中心的“关键主体”，是最重要的仲裁法律服务提供者。除此之外，还包括调解机构、行业协会、仲裁员、律师事务所、公证机关、科研院校、翻译人员等自然人与法人主体。

（3）国际仲裁中心的实质是区域性仲裁生态系统。国际仲裁中心不仅仅是具体的仲裁机构，更重要的是该区域所能供给的以仲裁为中枢的系统性法律服务资源，主要包括适宜的仲裁场所、优质高效的仲裁法律制度、友好的仲裁人员执业环境与仲裁司法环境、便利的签证与居住许可政策等。

（4）国际仲裁中心的定位是“立足区域，面向国际”。国际仲裁中心以特定中心城市为圆心向外辐射一定范围，但是，国际仲裁中心服务的对象并不只限于该区域，而是应溢出该区域，并且致力于对标国际知名仲裁中心。

（5）国际仲裁中心的远景是使特定地方成为受欢迎的国际仲裁地，

扩大该法域仲裁法的法律适用。在国际商事仲裁的理论与实践中，仲裁地作为仲裁的法律所在地，不仅涉及提供仲裁服务的地域，还涉及仲裁协议的有效性、准据法的适用以及仲裁裁决司法审查等重要事项。国际知名仲裁机构所在的国家和地方往往也是受到认可的仲裁地。长远地看，在中国建设若干个具有国际影响力的仲裁中心，有助于使我国成为国际商事纠纷的当事人首选的仲裁地，扩大中国仲裁法及其他法律在国际商事争端解决领域的适用，助力中国法律“走出去”。

（二）域外知名国际仲裁中心形成及运作的驱动模式

较为全面且系统地考察域外国际仲裁中心形成及运作的驱动模式与基本经验，有助于了解国际仲裁中心形成及运作的普遍性经验，为中国国际仲裁中心建设提供有益的启发与参考。世界范围内，高知名度和影响力的国际仲裁中心主要包括英国伦敦、法国巴黎、中国香港、瑞典斯德哥尔摩以及瑞士日内瓦等地，确定的主要依据是英国伦敦玛丽女王大学发布的具有一定权威性的国际仲裁调查报告中评选出的排名前五位的“最受欢迎仲裁地”与“最受欢迎仲裁机构”。根据2018年的调查结果，世界排名前五的“最受欢迎仲裁地”分别是伦敦（London）、巴黎（Paris）、新加坡（Singapore）、香港（Hong Kong）和日内瓦（Geneva）；位列世界前五的“最受欢迎仲裁机构”分别是国际商会仲裁院（ICC International Court of Arbitration，ICC 仲裁院）、伦敦国际仲裁院（London Court of International Arbitration，LCIA）、新加坡国际仲裁中心（Singapore International Arbitration Centre，SIAC）、香港国际仲裁中心（Hong Kong International Arbitration Centre，HKIAC）和斯德哥尔摩商会仲裁院（Arbitration Institute of the Stockholm Chamber of Commerce，SCC）。可以看出，上述两个类别的排名在很大程度上有重叠性，例如，ICC 仲裁院 是最受欢迎的仲裁机构，其总部设在巴黎，LCIA 所在地在伦敦，香港和新加坡也是类似情形，只有日内瓦与 SCC 的情况有所不同。考虑到对国际仲裁中心的研究并非完全对仲裁地的研究，也非单纯对仲裁机构的分析，为了使研究更加充分，可以将两项结果加以综合，得出六个域外知名国际仲裁中心。①

对六大域外国际仲裁中心形成与运作的驱动模式进行类型化分析，其模式大致可分为经济驱动模式、国际组织模式、中立国模式和国家倡导模式四大类。其中，英国伦敦和中国香港的国际仲裁中心发展可归于经济驱动模式，总部位于法国巴黎的 ICC 仲裁院发展属于国际组织模式，中立国模式则以瑞典斯德哥尔摩和瑞士日内瓦为代表，新加坡国际仲裁中心的崛起在一定程度上可以视为国家倡导模式的典范。进一步看，驱动模式的差异并不意味着国际仲裁中心形成与运作的实质性不同。事实上，这些国际仲裁中心在仲裁机构管理理念、仲裁规则制定、法院系统对仲裁的司法保障以及本地法律服务配套等方面存在很大程度的相似性甚至一致性。因此，模式归类更大程度上是基于这些国际仲裁中心在对比归类中所凸显出的特色。

1. 经济驱动模式：英国伦敦与中国香港

（1）英国伦敦

伦敦是英国的首都。2020 年，在全球化与世界城市（Globalization and World Cities, GaWC）排名中，伦敦被评为 Alpha + + 级世界一线城市第一名。② 在美国科尔尼（Kearney）发布的 2021 年全球城市实力

① 在最新发布的《2021 国际仲裁调查报告》中，“最受欢迎的仲裁地”与“最受欢迎的仲裁机构”调查结果略有调整，尤其是中国国际经济贸易仲裁委员会（CIETAC）首次取代斯德哥尔摩商会仲裁院（SCC）成为排名第五的“最受欢迎的仲裁机构”，这说明中国本土仲裁机构的国际化发展取得了长足进步。考虑到国际仲裁中心的研究更加注重于中心发展的历史脉络及其在相当长一段时间里对国际仲裁制度演变的影响，因此仍将 SCC 所在的瑞典斯德哥尔摩列为域外知名国际仲裁中心的一种典型模式进行考察。

② “The World According to GaWC 2020”, GaWC, https://www.lboro.ac.uk/microsites/geography/gawc/world2020t.html.

（Global City Indext，GCI）指数排名中，伦敦位列世界第二。[①] 伦敦是全球最大的银行、保险、期货和航运中心，控制着全世界45%的外汇交易和黄金、白银、原油等大宗商品定价权，平均每日的外汇交易额高达2.7万亿美元，居世界第一。全球500强企业中有19家总部位于伦敦。[②] 伦敦在国际仲裁中心发展的历史上具有重要地位。早在18世纪，伦敦就成为国际海事临时仲裁的中心，而直到今天，每年国际上超九成的海事纠纷都选择在伦敦进行仲裁。[③] 1892年这里诞生了世界上第一家仲裁机构——LCIA，开创了机构仲裁的先河。

A. 英国经济的崛起

伦敦发展国际仲裁法律系统离不开英国经济雄霸世界的脚步。从18世纪中叶开始，英国开启工业革命的步伐，在历经百余年后，19世纪40年代的英国已经可以用机器制造机器，标志着大机器时代的到来。英国率先成为近代工业国家，工业生产取代农业和手工制造业，成为英国经济的主要生产方式。在交通运输业方面，英国在19世纪40年代兴起铁路建设。1848年，全英通车铁路线长达4646英里，1870年达13500英里，比1845年增加约2倍，形成相当完整的铁路网络。[④]

英国是最早使用金属造船的国家。1850—1870年，英国制造的轮船取代帆船，成为海上贸易的主要运输工具，从而巩固了英国的"海上霸主"地位。英国不仅拥有世界上最大的造船厂，还有世界上最大的商船队伍。[⑤] 传统上，英国一直是个海洋国家，海洋对于整个国家的繁荣和国民生活来说至关重要，而只有历经工业革命中的海事

---

① Kearney，"Global Cities：Divergent Prospects and New Imperatives in the Global Recovery"，https://www.kearney.com/global-cities/2021.

② "City Timeline"，City of London，May 18，2022，https://www.cityoflondon.gov.uk/things-to-do/history-and-heritage/city-timeline.

③ 《世界主要国家、地区促进海事仲裁服务发展的法律政策措施比较研究》，中国海事仲裁委员会，http://cmac.org.cn/data/upload/image/20211108/1636357364640030。

④ 王铭：《英国工业革命与世界工业霸权》，《辽宁大学学报》2006年第2期。

⑤ 王铭：《英国工业革命与世界工业霸权》，《辽宁大学学报》2006年第2期。

产业才足以支撑英国几乎全部的全球经济贸易往来，可以说海事产业真正成为英国的“国家产业”，成为英国经济的赋能者。[①] 海事产业不仅包括船舶设计、制造修理以及船舶事故处理等有关的船舶产业，而且涉及相邻的众多产业，如港口、金融、保险、海事服务等。[②] 海事产业不仅为大英帝国控制海上运输航线，开展全球贸易与产品输出奠定了基础，而且为支撑国家整体就业、推动技术领域创新和促进经济贸易高质量发展都产生不可或缺的作用。[③]

随着海运与海事的发展，在伦敦出现首家海运交易所——波罗的海航运交易所（Baltic Exchange）。1744 年，波罗的海航运交易所在一家名为“弗吉尼亚—马里兰”（Virginia and Maryland Coffee House）的咖啡馆里诞生，后迁址到伦敦针线街 58 号。这里聚集了主要从事海运货物运输的人，将货物运至波罗的海诸国或波罗的语系国家，货物包括动物油脂、石油、粮食、纺织品等。一开始，交易所仅从事航运信息及中介服务，后来随着波罗的海交易所业务量和客户的增长，提供的服务种类也开始呈现多样化的趋势，包括协助客户解决纠纷的服务。一些经纪人承担起帮助客户解决纠纷的职能，这就是英国海事仲裁的雏形。波罗的海交易所将那些愿意承担仲裁员工作的经纪人的名字写在一张列表上，张贴于布告栏中，供发生纠纷想要仲裁的当事人选择，这就是著名的“波罗的海名单”（Baltic List），即推荐仲裁员的名单。除波罗的海交易所外，还有劳氏日报（Lloyd's List）、劳氏船级社（Lloyd's Register）、船东互保协会（the P&I Clubs）等海事组织也纷纷成立，奠定了伦敦作为世界海事海商中心的地位。[④] 海上新

---

① 杨金森：《海洋强国兴衰史》，海洋出版社 2014 年版，第 16 页。

② 贾宇：《关于海洋强国战略的思考》，《太平洋学报》2018 年第 1 期。

③ 唐晋：《大国崛起》，人民出版社 2006 年版，第 140—146 页。

④ Bruce Harris, "Maritime Arbitration in London", *The International Journal of Arbitration, Mediation and Dispute Management*, Vol. 66, No. 1, 2000, p. 21; Petros N. Tassios, "Choosing the Appropriate Venue: Maritime Arbitration in London or New York?", *Journal of International Arbitration*, Vol. 21, No. 4, 2004, p. 356.

航路的开辟使英国与世界其他地区和国家的经济联系更为紧密。通过自身贸易与产品的优势，加上强大海军的加持，英国拥有了广阔的海外殖民地。英国的银行遍布全世界，伦敦也成为世界金融的中心。[①]

B. LCIA 的发展历程

1883 年 4 月 5 日，伦敦市共同市场法院成立了一个委员会，筹划设立仲裁庭，以专门处理跨国商事争议。1884 年，该委员会提交了设立仲裁庭并由伦敦商会与伦敦市合作管理的计划，但直到英国《仲裁法》颁布后的 1891 年 4 月，该计划才最终获得通过。1892 年 11 月 23 日，伦敦仲裁庭正式成立。1903 年 4 月 2 日，改名为伦敦仲裁院，由伦敦市及伦敦商会各派 12 名代表组成联合委员会管理。1975 年，伦敦仲裁院与皇家仲裁员协会合并，由伦敦市、伦敦商会和皇家特许仲裁员协会三家共同组成新的联合管理委员会，三个组织各派 6 名委员会组成人员。1981 年，伦敦仲裁院改名为“伦敦国际仲裁院”。1986 年，LCIA 改组为非营利性质的有限责任公司。[②]

C. LCIA 特色与优势

LCIA 不仅历史悠久，且仲裁员水准、仲裁裁决质量和国际声誉都处于国际较高水平。同时，LCIA 在机构设置、适用法律、仲裁规则、国际合作等方面也颇有特色，对全世界当事人有很大吸引力。虽然现在面临香港、新加坡等后起之秀的激烈竞争，但 LCIA 在国际仲裁领域的领先地位依然无可撼动，原因主要包括以下几方面。

英国法律严密且与时俱进，有着优良的仲裁法律服务环境。英国是世界上最早制定仲裁法的国家，早在 1697 年就制定了第一部仲裁法令。为了对所有涉及仲裁的法律进行集中统一规范，1889 年英国议会又制定了成文《仲裁法》，从而促进了 LCIA 的成立。此后一个多世纪的时间里，英国仲裁法一直处在不断变革发展过程中，且经历

① 王铭：《英国工业革命与世界工业霸权》，《辽宁大学学报》2006 年第 2 期。

② “History”, LCIA, https://www.lcia.org/LCIA/history.aspx.

了1950年、1975年、1979年以及1996年的不断修订完善。但是，由于英国制定仲裁法的时间比较早，初期存在对仲裁干预较多等问题，使得仲裁独立性受到较大的限制，仲裁的优势特点发挥不充分。因此，自1979年开始，英国开始不断注重弱化法院对仲裁的干预，加强法院对仲裁的支持，从而最大程度上保证了仲裁的独立性。现在在伦敦进行的国际仲裁，均适用1996年的英国《仲裁法》。该法从仲裁协议的选择、仲裁庭的组成、仲裁程序的适用、实体事项等方面都凸显了对当事人意思自治原则的强化，例如在放宽适用外国法及国际惯例、授权仲裁员自行决定管辖权、扩大受案范围等方面都彰显了商事仲裁的初心和本质。因此，1996年英国《仲裁法》的实施过程，大大促进了英国整体友好仲裁环境的建立。

仲裁规则是仲裁机构的制度核心。现代的LCIA仲裁规则始于1981年1月1日，连同示范条款和一份列明仲裁管辖权和仲裁员职权的安排表在内共计14款条文，总共不到五页半。① 其后，LCIA仲裁规则经历了1998年、2014年和2020年修订，② 因为全球仲裁服务市场的竞争，很大程度上就是友好型仲裁规则的竞争，直接影响仲裁案件当事人及其代理人的选择，需要不断地完善以契合市场需求。2020年8月11日，LCIA公布新《仲裁规则》。③ 该《仲裁规则（2020）》是对《仲裁规则（2014）》的进一步修订，旨在简化和明晰仲裁流程，以让当事人、仲裁员及调解员能够更加清楚地把握相关程序。新规则扩大可以进行合并仲裁的争议范围。在过去，LCIA规则对合并仲裁有诸多限制，规定十分严格。除非是根据同一仲裁协议或与相同

---

① Maxi Scherer, Lisa Richman, et al., "Arbitrating under the 2020 LCIA Rules: A User's Guide", *Netherlands: Kluwer Law International*, 2021, p. 3; "LCIA Arbitration Rules 1981", LCIA, https://www.acerislaw.com/wp-content/uploads/2018/08/1981-LCIA-Arbitration-Rules.

② "LCIA Arbitration Rules 2020", LCIA, https://www.lcia.org/Dispute_Resolution_Services/lcia-arbitration-rules-2020.aspx.

③ "LCIA Arbitration Rules 2020", LCIA, https://www.lcia.org/Dispute_Resolution_Services/lcia-arbitration-rules-2020.aspx.

的当事人之间根据多份互相兼容的协议提起的多项仲裁，否则必须在仲裁条款中对各当事人接受合并仲裁作出特别约定。此次修订新增第22A条，称为“命令合并/并行仲裁的权力”，增加仲裁庭和LCIA在某些情况下可以作出合并仲裁命令的规定。修订后的第22.7（ii）条允许仲裁庭根据多份互相兼容的仲裁协议将“相同争议方之间或由同一交易或一系列相关交易产生的”争议进行合并仲裁，这使得合并仲裁能够适用于更广泛的情境。新规则对第22.7（iii）条也进行了修改，规定仲裁庭可在案情类似且每项仲裁的仲裁庭均相同的情况下并行仲裁。上述扩大也适用于第22.8（ii）条中规定的LCIA仲裁院的权力，即在类似情况下LCIA可以在仲裁庭组庭之前对多个仲裁案件进行合并。这些看似细小的改动，实际上使得LCIA规则更灵活、更适应实际需求。

此外，新规定重新明确对仲裁代理人的要求。此次修订解决了2014年引入的一项引起广泛争议的修订。LCIA《仲裁规则（1998）》第18条明确规定法律执业者或任何其他代表（无论是否具有法律执业资格）均可在案件中作为当事人的代理人。但是，LCIA在2014年版规则中作为附件引入的《一般行为准则》，措辞变为“一位或多位授权法律代表”。当时业界并不清楚LCIA是否有意将LCIA仲裁中的当事方的代理人仅限于律师。LCIA在2020年的修订将此处改了回去，以阐明代理人可以是法律执业者，也可以是非法律执业者。

再者，新规则对远程仲裁作出清晰规定。《仲裁规则（2020）》第19.2条规定：“就形式而言，位于同一或多个地理区域的参加者可以亲自参加庭审，也可以通过电话会议、视频会议或使用其他通信技术（或以组合形式）以虚拟方式参加庭审。”此外，新规则还确认了电子通信的首要地位。第4.1条规定，仲裁请求必须以电子形式提交。如果仲裁请求以任何其他方式提交，需要事先书面批准。第4.2条规定，与仲裁有关的任何书面通信应通过电子通信方式进行，除非仲裁庭另有书面批准或指示。第26.2条促进了电子签署裁决，规定：

"除非双方另有约定，或仲裁庭或伦敦国际仲裁院另有指示，否则任何裁决和/或副本均可通过电子方式签署，并汇编成一份单一文书。"

最后，新规则回应了仲裁中的个人数据保护问题。新增加的第30A条对数据保护作出规定，要求LCIA处理个人信息应符合数据保护立法的规定以及仲裁庭和LCIA可以就信息安全和数据保护作出指示，该等指示对当事人和仲裁庭有约束力。[①]

D. 伦敦海事仲裁——临时仲裁传统的现代延续

海事仲裁是解决世界航运贸易纠纷的重要途径，也是整个欧美海运事业的"王牌"之一。凭借国际航运中心及国际海事仲裁中心的优势，伦敦一直是世界各国和地区众多航运公司和造船集团进行海事纠纷仲裁的首选地。与此同时，英国拥有完备的海事法律体系，还有大量经验丰富的法官及仲裁员，英国法现在仍广泛应用于全球航运领域，这使得英国的商事仲裁和职业律师在航运界享有很高的地位及声望。每年国际上超九成的海事纠纷都选择在伦敦进行仲裁。[②]

自18世纪以来，海事仲裁在伦敦一直以临时仲裁方式进行。1960年2月12日，伦敦海事仲裁员协会（London Maritime Arbitrators Association，LMAA）正式成立，这是一个由海事仲裁员组成的协会，其会员可以追溯到"波罗的海名单"，该协会同样延续着海事临时仲裁的传统。[③] 目前LMAA的会员分为三种类型。第一类是全职会员（Full Members），他们拥有至少15年从事商事或法律工作经验的仲裁员，具备书写裁决书方面的经验与能力，保证参与仲裁案件审理的时间。对没有足够时间投入仲裁，或者不能在仲裁中保持公正性和独立性的全职会员，协会可予以除名。[④] 全职仲裁员是协会的核心成员，

---

① 《LCIA时隔六年再推新版仲裁规则，对中企涉外仲裁有积极影响》，史密夫斐尔律师事务所，2022年5月29日，https://mp.weixin.qq.com/s/YvocbSOVULM7Z25nxil4Ug。

② 中国海事仲裁委员会：《世界主要国家、地区促进海事仲裁服务发展的法律政策措施比较研究》，http://cmac.org.cn/data/upload/image/20211108/1636357364640030。

③ LMAA，https://lmaa.london/history/.

④ LMAA，https://lmaa.london/guidelines-for-full-membership/.

人数十分有限，基本保持在30—40人，但他们却在约60%的LMAA仲裁案件中担任仲裁员。第二类是兼职支持会员（Supporting Members），他们主要由律师、经纪人、船东、银行家以及保赔协会成员组成。任何年满28岁且拥有相关商业、技术经验或具备五年以上英国律师经验或其他类似经验的人，由一位全职会员或两名相关人士（最好是两位兼职支持会员）推荐即可取得兼职支持会员的资格。[①] 支持会员的人数大约在750人，其中有50名来自中国的会员，他们是海事律师或是其他海事相关从业人员。第三类会员为候补全职会员（Aspiring Full Member），他们的身份严格来说仍属支持会员，但属于全职会员的候选人。候补全职会员也都是曾经从事过航运工作（如担任过船长、经纪人、验船师等）或担任过海事律师的专业人员。[②]

作为一个组织，LMAA主要在三个方面发挥作用：第一，对全职仲裁员的资格设置标准，主要是考虑他们在海事方面的专业知识与经验，以供市场选择。第二，培养新的仲裁员，帮助他们获得必备的资格与经验，如在仲裁案件中对他们提供指导，或是在小额案件中指定他们为独任仲裁员，使他们获得锻炼机会。第三，制定仲裁规则，可供当事人选用。LMAA现在有三套不同的规则，每种规则根据仲裁标的、是否需要庭审、需要提交的证据，以及当事人是否同意放弃就法律问题向法院提起上诉的权利等不同内容来制定。

（2）中国香港

香港位于亚洲的中心地带，与内地紧密融合，并接通世界各地，其作为国际金融、航运、贸易中心和国际航空枢纽，拥有高度国际化、法治化的营商环境以及遍布全球的商业网络。[③] 从20世纪60年代开始，香港凭借其不断完善的基础设施和与外部世界的广泛联系，

---

① LMAA，https://lmaa.london/guidelines-for-supporting-membership/.

② LMAA，https://lmaa.london/guidelines-for-aspiring-full-membership/.

③ 中共中央、国务院：《粤港澳大湾区发展规划纲要》，2021年6月22日，http://www.xinhuanet.com/politics/2019-02/18/c_1124131474.htm。

充分利用国际产业结构调整的有利时机，招商引资，促成了自由开放、国际市场和多元化结构三大经济因素的有机结合，使得香港经济作为一个整体能够有效克服自身地域狭小带来的发展局限，并最终与韩国、新加坡、中国台湾一道，被称为亚洲“四小龙”[①]。

根据英国 Z/Yen 集团与中国（深圳）综合开发研究院 2021 年 3 月联合发布的第 29 期“全球金融中心指数”报告，香港位居全球第四位。[②] 2020 年 9 月，加拿大菲沙研究所发布的《世界经济自由度 2020 年度报告》再次把香港评为全球最自由经济体。自该报告发布以来，香港一直位列全球第一。[③]

A. 经济驱动下的 HKIAC 发展

在良好的经济发展态势下，为了满足商事争议解决的需要，1985 年 5 月 21 日，HKIAC 根据《香港公司条例》以非营利性的法团担保有限公司的形式正式成立。同年 7 月 5 日，其被授予慈善机构身份，9 月 1 日正式对外营业。[④]

作为香港法律服务业的重要组成部分，HKIAC 是商业界和法律界双向繁荣的产物。一方面，自由开放的商业氛围和充分无国界竞争的法律服务业是其发展的良好基础；另一方面，其吸引来的全世界用户又进一步提升了香港仲裁法律业的水平。[⑤] 与此同时，香港仲裁法律业的不断发展，又促进了香港整体法律环境的完善，有助于保障各种经济组织的完善和正常产业的发展，并提供良好的投融资市场经济环

---

① 高成华：《香港经济制度变迁对经济发展影响研究》，博士学位论文，武汉大学，2010 年。

② 刘明洋：《香港“全球金融中心指数”排名上升》，2021 年 6 月 20 日，https://m.gmw.cn/baijia/2021-03/18/1302172466.html。

③ 《香港蝉联全球最自由经济体》，中新社，2021 年 6 月 22 日，https://www.chinanews.com/ga/2020/09-11/9288650.shtml。

④ 李剑强：《香港仲裁机构的临时仲裁及其启示》，《北京仲裁》2006 年第 3 期。

⑤ 杨玲：《香港国际仲裁中心（HKIAC）与中国内地：趋势与机遇》，《法制日报》2018 年第 6 版。

境从而促进经济的健康协调可持续增长。① 根据伦敦玛丽女王大学《2021 国际仲裁调查报告》，HKIAC 在世界五大仲裁机构中位列第三，仅次于国际商会仲裁院和新加坡国际仲裁中心。② HKIAC 具有“轻微管理”的特色，从仲裁管辖权到仲裁裁决的作出，其始终贯彻“仲裁庭是仲裁程序的主人”和“最大限度尊重当事人意思自治”。HKIAC 还是香港《仲裁条例》法定的“委任机构”，在临时仲裁中扮演委任仲裁员的角色。③

在仲裁机构的设施和人员架构方面，HKIAC 在《全球仲裁评论》（*Global Arbitration Review*，以下简称 GAR）于 2013—2020 年发布的庭审中心调查排名中名列第一，在多个方面获得好评，包括：最佳位置、最物超所值、最佳工作人员以及最佳信息科技服务。其庭审设施便捷、现代且舒适，庭审地位于香港中心区域，在价格上也极具优势。若案件一方是经合组织（OECD）官方发展援助清单（List of ODA）上的国家，且 HKIAC 为该案件提供行政服务，则所有当事人可免费享用其庭审设施。HKIAC 的办公室分布在香港、上海和首尔。秘书处的成员背景多元，他们来自的国家包括中国、新西兰、摩洛哥、新加坡、德国、澳大利亚以及加拿大，秘书处成员拥有大陆法系或普通法系的法律执业资格并可用十余种语言进行交流。④

在仲裁机构的科技应用方面，HKIAC 可以满足众多不同的在线庭审需求，如线下庭审与在线庭审的结合、在香港多地进行的紧急庭审以及远程支持的跨地区跨时区全程在线庭审等。其在线庭审服

① 高成华：《香港经济制度变迁对经济发展影响研究》，博士学位论文，武汉大学，2010 年。

② “2021 International Arbitration Survey：Adapting Arbitration to a Changing World”，Queen Mary University of London（School of International Arbitration），https://arbitration.qmul.ac.uk/research/2021-international-arbitration-survey/.

③ 杨玲：《香港国际仲裁中心（HKIAC）与中国内地：趋势与机遇》，《法制日报》2018 年 8 月 13 日第 6 版。

④ 《为什么选择香港国际仲裁中心（HKIAC）?》，HKIAC，2021 年 8 月 1 日，https://www.hkiac.org/zh-hans/arbitration/why-choose-hkiac。

务包含视频会议、音频会议、电子卷宗、证据的数据化展示、笔录以及翻译等6项可分开或联合使用的技术。①

在仲裁规则的效用方面，HKIAC《仲裁规则（2013）》体现出诸多“亮点”，例如：①仲裁员费用的支付方式。其是首个明确允许当事人选择按小时费率（上限为6500港元）或以争议标的额大小支付仲裁员费用的机构；②处理复杂案件的灵活性。对追加当事人、合并仲裁程序以及可在多个合同下启动单一程序等进行了全面的规定；③紧急仲裁员程序。规则提供紧急仲裁员程序，以便当事人在仲裁程序中申请可执行的紧急临时救济。② 2018年，HKIAC对仲裁规则再次进行修订，其中增加了相应条款以拥抱科技变革，鼓励仲裁参与方在仲裁程序中采用新技术手段，③ 也增加了条款以处理有关第三方资助披露、保密和费用的问题。通过上述条款和其他的修订，可以使得当事人和仲裁庭通过一系列完整的机制以高效、低成本、确定的程序顺利地解决当事人的纠纷。④

B. 以《示范法》为蓝本的仲裁立法

在仲裁条例颁布前，香港施行的仲裁制度实则是一种临时仲裁。1963年，港督第22号令发布了香港《仲裁条例》，并将该条例列入《香港法例》第341章，从而实现了香港仲裁制度的成文法化。⑤ 该条例以1950年英国《仲裁法》为模本，规定了同时适用于国际仲裁与本地仲裁的单一仲裁制度。⑥ 1982年，香港在英国对其仲裁法进行

---

① 《香港国际仲裁中心在线庭审：专业服务和成功经验》，HKIAC，2021年7月12日，https://mp.weixin.qq.com/s/rV40nRkk9UFkD1BK05Bzqg。

② 《为什么选择香港国际仲裁中心（HKIAC）?》，HKIAC，2021年3月2日，https://www.hkiac.org/zh-hans/arbitration/why-choose-hkiac。

③ 李垒：《评香港国际仲裁中心2018版管理仲裁规则——从中国内地用户视角出发》，《世界海运》2019年第1期。

④ 刘侨：《香港国际仲裁中心规则修订》，2021年3月2日，https://mp.weixin.qq.com/s/k469OKjgrJv5IF6NHsLMIw。

⑤ 齐树洁、蔡从燕：《1996年香港仲裁条例述评》，《现代法学》1999年第5期。

⑥ 冯丹荔：《浅析香港仲裁法改革》，《政法论丛》2008年第4期。

修改后，也相应地对香港《仲裁条例》进行了大幅度修改，并增加了一些新的更符合仲裁发展的规定。虽经修改，但香港《仲裁条例》在国际仲裁方面的规则并不充实。[①] 1987 年，香港法律改革委员会发表了《有关应否采纳联合国国际贸易法委员会〈国际商事仲裁示范法〉的报告》，该报告建议将《国际商事仲裁示范法》（以下简称《示范法》）作为规范国际仲裁的制度，而本地仲裁继续适用原来的条例。1990 年 4 月，略经修改的《示范法》正式成为香港《仲裁条例》的一部分，香港仲裁也由此形成了国际仲裁与本地仲裁并行的双重制度模式。[②]

2011 年 6 月 1 日起施行的香港《仲裁条例》是进入 21 世纪后香港仲裁制度与行业发展的一个转折点。这次修订的最大特点是取消了本地仲裁与国际仲裁的区别，采用以《示范法》为基础的单一制度，巩固了香港作为便利的《示范法》法域的地位。不过，考虑到相关行业的现实需要，单一制并非绝对情况。《仲裁条例》附表 2 采用一套"选择制度"的方式保留了原先针对本地仲裁所实行的一些主要制度。[③]

香港《仲裁条例》修订的脚步似乎从未停止，[④] 其经过历年修订，旨在确保香港的仲裁法律紧贴国际最新发展，巩固香港作为主要国际仲裁中心的竞争力。[⑤] 其中，2013 年的修订基于 2013 年 1 月签订的《关于香港特别行政区与澳门特别行政区相互认可和执行仲裁裁决的安排》，增加了关于澳门仲裁裁决的强制执行力度，为推动香港

---

① 龙振奕：《香港国际航运中心法律制度探析——以香港仲裁制度为例》，《广西政法管理干部学院学报》2013 年第 3 期。

② 冯丹荔：《浅析香港仲裁法改革》，《政法论丛》2008 年第 4 期。

③ 陈小燕：《香港仲裁立法的新发展及对粤港仲裁合作的影响》，《法治社会》2019 年第 1 期。

④ 陈小燕：《香港仲裁立法的新发展及对粤港仲裁合作的影响》，《法治社会》2019 年第 1 期。

⑤ 《香港：亚太区的国际仲裁中心》，香港特别行政区律政司，2021 年 6 月 28 日，https://www.doj.gov.hk/sc/legal_ dispute/arbitration.html。

与澳门的仲裁裁决在彼此领域内的强制执行提供依据。[①] 同年的修订也规定了紧急仲裁员作出的紧急救济决定具有相当于法院命令的效力，且在香港以外（包括内地及其他法域）作出的紧急救济决定也可以在香港得到强制执行。[②] 2015 年的修订消除了《仲裁条例》第 11 条就供选用的机制有关的若干法律不明确的情况，使选择本地仲裁的各方当事人可决定仲裁员人数，同时保留他们就《仲裁条例》载明的若干事宜寻求法庭协助的权利。2017 年的修订明确了知识产权的争议可以通过仲裁解决，而且强制执行涉及知识产权的仲裁裁决应不违反香港公共政策。此外，同年的《仲裁及调解法例（第三方资助）（修订）条例》明确了第三者在香港资助仲裁、调解及相关程序不受助讼及包揽诉讼的普通法原则所禁止。[③] 最新一次的修订成果为《2021 年仲裁（修订）条例》，此次修订将使得在香港法下，仲裁裁决范围的定义与国际上普遍采用的《纽约公约》的“仲裁地”定义方式保持一致。同时，还将免除当事人以往在《关于内地与香港特别行政区相互执行仲裁裁决的安排》下所受的限制，允许当事人同时向内地和香港特区的法院申请执行裁决。[④]

C. 仲裁友好的司法审查

在司法体系方面，香港通过普通法制度维护其法治传统，由中立、专业和高效的本地与外籍法官组成其独立的司法系统。香港法院高度支持仲裁，对仲裁采取“不干预”的态度，与仲裁相关的案件由仲裁专职法官进行初审。此外，香港法院建立了一套防止当事人无理阻挠仲裁程序或裁决的以弥偿基准支付讼费的制度。该项制

---

① 陈小燕：《香港仲裁立法的新发展及对粤港仲裁合作的影响》，《法治社会》2019 年第 1 期。

② 赵欣瑶：《紧急仲裁员制度效力问题探究》，《仲裁研究》2019 年第 2 期。

③ 《全面及与时并进的仲裁法律框架》，香港特别行政区律政司，2021 年 7 月 21 日，https://www.doj.gov.hk/sc/legal_dispute/arbitration.html。

④ 《香港〈2021 年仲裁（修订）条例〉即将全面生效》，HKIAC，2021 年 7 月 12 日，https://mp.weixin.qq.com/s/UztUfq1oMyjrAkwAeYeGbQ。

度规定，若一方当事人未能成功申请拒绝执行或撤销一项仲裁裁决，或未能成功说服法庭重新审理已通过仲裁处理的问题，该当事人应按弥偿基准支付讼费，若有特殊情况除外。[①] 2015 年 9 月 15 日，香港高等法院原讼庭法官陈美兰（Madam Justice Mimmie Chan）就 KB v Sand others 案件作出判决，驳回了该案三个被告提出的撤销仲裁裁决执行许可的请求。在判决中，陈美兰法官根据香港法院过往的司法实践，总结出十大原则：①法院的主要目标是为仲裁程序提供方便以及协助执行仲裁裁决；②根据香港《仲裁条例》，法院仅应在《仲裁条例》有明文规定的情况下才能介入仲裁争议；③在遵循维护必要的公共利益的前提下，争议的当事人可以自由约定如何解决争议；④仲裁裁决的执行应该“几乎是个事务性程序”，并且法院应当“尽可能机械地”办事；⑤法院预定会执行裁决，除非抗辩确有道理，即抗拒执行的当事人必须证明存在真实的损害风险以及该当事人的权利被严重侵犯；⑥在处理撤销仲裁裁决的申请或者拒绝执行裁决的请求时，法院所关心的是仲裁程序的结构性完整，而不是以下抗辩理由诸如在仲裁程序中未被给予适当的通知、未能陈述案情、仲裁庭的组成或仲裁程序与当事人的约定不符等。所以，法院在认定存在足以破坏正当程序的严重错误时，被投诉的行为“必须是严重的，甚至是极端恶劣的”；⑦在考虑是否拒绝执行仲裁裁决时，法院不考虑案件的实体问题，也不考虑基础交易的是非曲直；⑧没有及时地向仲裁庭或监督法院提出异议，可能会导致禁止反言以及违反诚信原则的后果；⑨即使存在拒绝执行或撤销仲裁裁决的充足理由，法院也有自由裁量权，仍可不顾这些已经证实的有效理由而强制执行裁决；⑩仲裁当事人有诚实善意的义务或者按照诚信原则行事的义务。上述原则的核心体现了法治精神和支

① 《为何在香港仲裁》，HKIAC，2021 年 8 月 1 日，https://www.hkiac.org/zh-hans/arbitration/why-hong-kong。

持仲裁的政策，这些原则对香港法院办理涉及仲裁的案件具有重要的指导意义。①

D. 发达的法律服务业

香港的法律服务业十分发达，有超过 9800 名执业事务律师（包括来自 33 个法域的外籍注册律师）及约 1500 名执业出庭律师，其中 100 名为资深大律师（截至 2019 年 3 月的数据），多家主要国际律师事务所都在香港设有办事处。国际法律专业人士在处理国际交易上带来了国际视野及经验，有助于公平有效地处理商业纠纷。②具体就仲裁而言，海外与内地的律师事务所在香港从事仲裁事务或就仲裁提供意见，并没有限制，而仲裁各方聘用的顾问之国籍及法律专业资格亦不受限制。③

E. 特区政府对仲裁的支持

在国家“十四五”规划的港澳专章中，中央政府明确支持香港建设亚太区国际法律及解决争议服务中心。④ 香港特别行政区政府律政司也致力于发展和推动香港成为亚太区主要国际法律及争议解决服务中心，该目标与香港作为国际商业及金融中心的地位相辅相成。为更全面推广香港的法律服务，律政司自 2018 年起将增加“促成交易”作为另一政策重点，着力提升香港作为交易及争议解决枢纽的地位。⑤近年来，律政司一直竭力推行多项措施，包括完善与仲裁有关的法律

---

① 《香港法院关于执行仲裁裁决的“十大原则”》，2021 年 3 月 2 日，https://mp. weixin. qq. com/s/C_ oUGAxcIYvgiq6vEujWHg。

② “Hong Kong: Deal-making And Dispute Resolution Hub”, Department of Justice of Hongkong, https://www. doj. gov. hk/en/publications/pdf/hk_ deal_ making_ n_ dispute_ resolu_ hub_ en. pdf.

③ 曹翠影：《香港替代性纠纷解决程序之概况》，2021 年 8 月 1 日，http://www. lawyers. org. cn/info/f60a221c1c254780bcd912dae8daef6e。

④ 《中华人民共和国国民经济和社会发展第十四个五年规划和 2035 年远景目标纲要》，2021 年 7 月 12 日，http://www. gov. cn/xinwen/2021-03/13/content_ 5592681. htm。

⑤ 《立法会十四题：香港作为国际仲裁枢纽》，香港特别行政区政府律政司，2021 年 8 月 1 日，https://www. doj. gov. hk/sc/community_ engagement/press/pdf/pr20191218sc1。

框架，吸引国际争议解决机构在香港设立办事处，以及由香港主办与法律及争议解决服务相关的大型国际会议等。律政司亦积极参加联合国国际贸易法委员会第三工作组有关投资者与东道国间争议解决机制改革的研究工作。以上措施将加深香港法律及争议解决对国际法律议题的了解，对国际法的发展作出贡献，提升香港国际法律及仲裁服务的水平及国际地位。①

2. 国际组织模式：法国巴黎

法国巴黎成为知名的国际仲裁中心与总部设在巴黎的国际商会（International Chamber of Commerce，ICC）有着密切关系。国际商会是全球工商界规模最大并最具影响力的非政府国际组织，致力于推动国际经济的发展，增进自由企业和市场组织的繁荣，加强会员之间的经济往来，以国际商业交流促进国家间的和平友好共处。国际商会最初于1919 年在美国新泽西州大西洋城举行的国际贸易会议上发起成立，1920 年在巴黎设立总部。1923 年，国际商会成立了ICC 仲裁院，目的是能够向广大的国家和地区成员及会员提供公正、高效的国际经贸纠纷解决服务，推动国际商贸往来的顺利进行，也正是借助国际商会的广泛代表性与国际影响力，ICC 仲裁院在国际商事纠纷解决领域中长期处于领先地位，法国巴黎成为国际商事主体参与国际仲裁的中心地区。

（1）最有影响力的国际民间经济组织

国际商会已经发展成为一个全球性的民间经济组织，有 130 多个国家和地区成员，600 余万名会员，在世界 90 多个国家和地区设有国家和地区委员会。② 中国的国家委员会是中国国际商会（China

---

① 《立法会十四题：香港作为国际仲裁枢纽》，香港特别行政区政府律政司，2021 年 8 月 1 日，https://www.doj.gov.hk/sc/community_engagement/press/pdf/pr20191218sc1.pdf。

② 赵蕾、范铭超、林逸夫：《国际商会纠纷解决机制及其启示》，《人民法院报》2017 年 8 月 18 日第 8 版。

Chamber of International Commerce，CCOIC）。2016 年 12 月 13 日，第 71 届联合国大会决议通过授予国际商会观察员地位，这意味着国际商会可以利用全球商界的资源、专业知识和技术，直接为联合国的商事工作作出贡献。

国际商会的主要活动包括三个方面：一是“规则制定”，为推动国际经济发展，促进会员之间的经济往来，协调统一贸易惯例，制定贸易术语及各种指南。国际商会已经颁布了如《国际贸易术语解释通则》《托收统一规则》《联合运输单证统一规则》《跟单信用证统一惯例》等一系列与国际贸易活动相关的“软法”，尽管这些规则不具有强制性，但在跨境商业交易实践中被全球范围内的交易主体所广泛接受与采用，获得极高认可度与规范价值。二是“政策倡导”，国际商会代表商业界，参与联合国、世界贸易组织等国际组织以及成员国政府的商业规则制定活动，使商业主体的利益与诉求得以表达，在国际规则制定中得以适当体现。三是“国际争端解决”，国际商会为解决国际贸易中出现的争议，向当事人提供纠纷解决服务，尤以仲裁与替代性纠纷解决（Alternative Dispute Resolution，ADR）为主。

国际商会具有典型的国际组织架构，主要包括会员大会、执行董事局（设有主席）、秘书长以及各专业委员会（如财务委员会、法律委员会、人事委员会以及争端解决服务委员会等）。专业委员会负责某一具体领域的政策制定，起草相关商业政策或规则，交予秘书长和主席确认，再由执行董事局表决。执行董事局表决后，根据章程规定需提交会员大会表决的事项再提交会员大会表决。会员大会投票实行一国一票制，不论国家大小。①

（2）全球化运作的 ICC 仲裁院

依托国际商会在全球分布的国家委员会和广泛的会员组织，ICC

① 范铭超：《国际商会仲裁院之国际成长》，中国社会科学院国际法研究所“区域仲裁中心建设研讨会”分享材料，2020 年 9 月 30 日。

仲裁院已发展为世界范围内具有重要地位的国际仲裁机构。伦敦玛丽女王大学发布的《2021 国际仲裁调查报告》显示，有高达 57% 的受访者选择 ICC 仲裁院为最受欢迎的仲裁机构。[①]

迄今为止，ICC 仲裁院已处理约 22000 个国际仲裁案件，成为具有广泛影响力的国际商事仲裁机构，其所制定的仲裁规则具有典范作用。为进一步满足当事人对替代性纠纷解决的需求，国际商会于 1976 年设立国际 ADR 中心，通过调解及中立评估等方式促进各方争议的友好解决。[②] 2019 年，仲裁院有 869 件新注册案件，涉及来自 147 个法域的 2498 个当事人。未决案件平均争议标的金额达到 1.4 亿美元；案件平均审理期为 26 个月；涉及国家或国家实体的仲裁案件占案件总数的比例提升至 20%。与国际上其他隶属于某个国家的仲裁机构不同，仲裁院附设于国际商会，因此独立于任何国家，但案件所涉当事人及审理案件的仲裁员可能来自任何一个国家，因而具有高度的独立性、国际化与多元化特征。

ICC 仲裁院由主席、副主席及委员会委员和候补委员组成。仲裁院目前设有 1 名主席，17 名副主席，委员会由来自 116 个国家的 196 名委员组成。依据平等原则，每一个国家或地区的国际商会均有权指派一名资深法律人士担任仲裁院委员，同时仲裁院主席有权在该国家或地区指派另一名资深法律人士担任仲裁院候补委员，其职责与委员相同。高度国际化的委员会组成使得仲裁院可以熟悉并掌握各个国家和地区的法律制度及实践经验，以满足仲裁裁决对当地法律合规性审查的要求。仲裁院每周召开例会，每月召开全会。仲裁院的日常工作由秘书处负责，有 80 余名工作人员，主要职能是负责日常案件管理，

---

① "2021 International Arbitration Survey: Adapting Arbitration to a Changing World", Queen Mary University of London (School of International Arbitration), https://arbitration.qmul.ac.uk/research/2021-international-arbitration-survey/.

② 赵蕾、范铭超、林逸夫：《国际商会纠纷解决机制及其启示》，《人民法院报》2017 年 8 月 18 日第 8 版。

与当事人和仲裁庭保持联系，就案件处理向仲裁庭提出建议并提供仲裁规则适用的一般信息。仲裁院共有 11 个案件管理团队，50 余名案件管理人员，分别来自 30 多个不同国家，熟练掌握全球 30 多种语言。①

2020 年 6 月，ICC 仲裁院宣布就下一届仲裁院主席人选进行全球遴选。此消息一出在国际仲裁界产生积极反响，成为仲裁院进一步增加其公信力与全球影响力的加分项。为保障主席人选产生过程的公正性与透明性，现任仲裁院主席专门设立了遴选委员会（Selection Committee）并公开在全球发布《遴选委员会职责范围书》（*Terms of Reference*），详细说明遴选委员会的职责、候选人标准、遴选程序等内容。细察《遴选委员会职责范围书》的内容不难发现，国际商会致力于在全球范围内征集具有国际影响力、丰富的实践经历，具备良好的沟通能力、管理能力并愿意为仲裁院积极活动的主席候选人。根据《遴选委员会职责范围书》第 16 条规定，候选人应当符合这样一些条件：①是受到国际认可的仲裁从业人员，具有无可挑剔的声誉和高度的职业道德，具有丰富的实践经验并且熟悉其他替代争议解决技巧；②不曾受到过纪律处分或刑事处罚；③能流利使用英语，如具备其他语言技能者优先考虑；④具有良好的沟通能力，包括跨文化交际能力，以及管理能力和战略敏感度；⑤准备并愿意投入大量时间于仲裁院主席一职；⑥能够确保经常出席在仲裁院总部和办公室召开的仲裁院会议以及其他仲裁院的活动，并确保作为仲裁院主席维系与秘书处的管理成员及团队之间的紧密度；⑦如有需要，准备并愿意连任两届；⑧准备并愿意频繁出国出差，包括长途和长期出差；⑨按照《遴选委员会职责范围书》的规定，准备从其任期开始就停止以任何身份参与 ICC 仲裁院的任何案

① 范铭超：《国际商会仲裁院之国际成长》，中国社会科学院国际法研究所“区域仲裁中心建设研讨会”分享材料，2020 年 9 月 30 日。

件；⑩承诺在担任主席一职期间，不担任任何提供争议解决服务或作为仲裁资助者的机构或实体的职位，也不在任何此类机构中持有任何利益；⑪承诺在担任主席一职期间，不在投资者—国家仲裁程序中担任法律顾问。在遴选委员会人员构成方面，ICC 仲裁院也力争维持其公正性与独立性。遴选委员会由“表决成员”与“观察员”组成，前者对于主席候选人有实际表决权，而后者只是参与遴选委员会的工作，而无表决权。表决成员共有 15 名，除了争议解决事务管理委员会主席 Michael Mcilwrath 与国际商会秘书长 John Denton 两名代表国际商会的高级管理人员以外，其余 13 名成员以国际仲裁领域的专家为主。而仲裁院主席、仲裁院秘书长、仲裁与 ADR 委员会主席、国际商会世界商法研究所主席作为仲裁院重要部门的负责人只作为观察员参与遴选工作，从而在某种程度上降低了“内部指定”的嫌疑。历经半年多的报名、筛选与面谈程序，2021 年 1 月，国际商会公布 Claudia T. Salomon 女士被推荐为仲裁院新任主席的候选人。[①] Salomon 女士现任国际商会国际仲裁院副主席、Latham & Watkins（纽约）律师事务所的合伙人以及该律师事务所国际仲裁业务全球联席主席。她在临时仲裁以及根据机构规则（包括国际商会仲裁规则）进行仲裁的案件中都有出色的表现。[②] 最终，Salomon 女士于 2021 年成功当选为 ICC 仲裁院近百年历史上的第一位女性主席。

（3）不断革新的仲裁规则

仲裁规则是仲裁机构提供纠纷解决服务的准绳，也是当事人选择仲裁机构的重要考量因素。作为领先的国际仲裁机构，ICC 仲裁院一

---

① “Terms of Reference: Selection Committee of the President of the International Court of Arbitration of the International Chamber of Commerce”, ICC, https://iccwbo.org/content/uploads/sites/3/2020/04/icc-selection-committee-tor-21-04-20.pdf.

② “ICC Announces Recommendation for ICC Court President Successor”, ICC, https://iccwbo.org/media-wall/news-speeches/icc-announces-recommendation-for-icc-court-president-successor/.

直致力于从仲裁案件管理的实践中总结经验与规律，勇于创新，为国际仲裁提供先进的仲裁规则。

以仲裁裁决的核阅制度为例。ICC 仲裁院最早在 20 世纪 70 年代率先将其引入仲裁规则，① 如今已在全球范围内被广泛接受，诸多仲裁机构将之纳入仲裁规则，如中国国际经济贸易仲裁委员会、中国海事仲裁委员会、北京仲裁委员会等也普遍采纳裁决核阅制度，以保障仲裁裁决的质量。根据 ICC 仲裁院《仲裁规则（2020）》第 34 条的规定，仲裁庭应在签署裁决书之前，将其草案提交仲裁院。仲裁院可以对裁决书的形式（Form of the Award）进行修改，并且在不影响仲裁庭自主决定权的前提下，提醒仲裁庭注意实体问题（Points of Substance）。裁决书形式未经仲裁院批准，仲裁庭不得作出裁决。这也就意味着，所有仲裁员或仲裁庭在国际商会国际仲裁院作出裁决后，不能将其直接发给当事人，裁决必须经过仲裁院的审核程序。

从程序上而言，ICC 仲裁院所实施的裁决核阅制度包括两个部分：秘书处核阅、委员会核阅。秘书处核阅主要分为四个步骤。第一，由负责案件管理的副法律顾问对裁决书初稿中的每个争议问题进行分析并予以评估，包括适用的法律依据、赔偿金额及利息计算、裁决执行地的合规性等方面，而后撰写初步的核阅法律意见。第二，将核阅法律意见交由该案件管理团队的负责人即法律顾问审核，经完善后报秘书处总法律顾问审核。第三，总法律顾问审核完毕后，由副秘书长和秘书长分别核阅。第四，每周举行的秘书处办公会议会对该法律意见进行讨论，由案件管理团队对上述各个环节的意见进行汇总，出具秘书处对该裁决书最终的法律意见。

委员会核阅是根据秘书处提交的初步核阅法律意见，由仲裁院委员会办公会议或全体会议对裁决书初稿作出批准、修改后批准或不批

---

① 1975 年版的《仲裁规则》第 21 条，https://www.acerislaw.com/wp-content/uploads/2018/08/1975-Icc-Arbitration-Rule.pdf。

准的决定。如果案情简单，仲裁院主席将指定数名仲裁院委员，由一名仲裁院副主席主持工作，在每周举行的仲裁院办公会议上对秘书处提交的法律意见予以审核，并据此对裁决书初稿作出相应决定。如果案情复杂或涉及多个国家及地区，则案件须提交至每月的仲裁院全体会议进行审议表决。秘书处应邀请一名仲裁委员，在秘书处法律意见基础上，针对裁决书撰写一份修改意见报告，向全体会议提交后，作口头报告并接受委员会询问。经过上述程序后，仲裁院全体会议对该报告予以表决，并据此对裁决书初稿作出批准、修改后批准或不批准的决定。

为了在保障仲裁程序合法性与不影响仲裁庭独立裁判之间作出平衡，裁决核阅遵守的一个重要原则是，对仲裁程序问题予以实质审查，对实质问题予以程序审查。也就是说，仲裁院主要对裁决涉及的程序问题进行严格审查，而对裁决涉及的实体问题只进行一般审查。对于核阅后有关程序方面问题的修改建议，仲裁员必须接受；而对于有关实体问题的修改意见，仲裁员可以不接纳，如果不接纳，仲裁员需要将裁决书整理之后二次提交审核，经仲裁院投票决定的二次审核意见为最终决定。

值得关注的是，ICC 仲裁院在 2019 年推出了系统公布所有裁决的新政策，除非有保密协议或者任何一方采用协议排除公布。在 2019 年作出的 394 个裁决中，有 182 个裁决受保密协议保护不予公开。在其余 212 项裁决中，有 86 个裁决收到了当事人反对公布裁决的意见，因此，最终会有 126 项案件的部分和全部裁决将在 2021 年公布（是否公布取决于当事方有无在公布前任何时候提出反对，或者秘书处是否决定不予公布）。这一大胆创新之举被誉为是将透明之光洒入仲裁秘密文化的“哥白尼革命”。因为仲裁保密性一直以来是其有别于诉讼的一个重要特征，尤其是在商事纠纷解决中，商事主体出于对商业秘密及商誉的保护考虑似乎都不愿公开纠纷，因此仲裁裁决亦被认为属于不可公开的内容，除非当事人均同意公开。ICC 仲裁院以当事人不反对公开的“反向同意”方式积极推进仲裁裁决的公开，意在解决仲裁中的暗箱操作问题，使仲裁院管理下的仲裁更具公正性与公信力。目前来看，这一做法尚未受到其他仲裁机构追捧，至于未来是否可能风靡全球尚需时日观察。

为了保证仲裁规则能够适应社会经济环境的变化以及更好地服务于当事人，ICC 仲裁院不断地修改完善其规则。2020 年 12 月 2 日，ICC 仲裁院发布新版《仲裁规则（2021）》（2021 年 1 月 1 日生效）。这已是历史上的第九次修订，主要考虑是适应 2020 年新冠肺炎疫情之后国际仲裁方式的巨大变化，尤其是在远程视频开庭与电子送达的规则方面，ICC 仲裁院进行了调整，可以在仲裁程序中更多地接纳和应用信息技术。就开庭方式而言，《仲裁规则（2021）》第 26 条明确仲裁庭可以在与各方当事人进行磋商后，决定是否采用视频等信息技术手段远程开庭，明确赋予了仲裁庭在决定开庭方式事项上具有更多的自由裁量权。修改后的《仲裁规则（2021）》第 3 条仅要求当事人将书状（如仲裁通知书、仲裁答复书和紧急仲裁申请书）和书面函件“发送”（be sent to）给各方当事人、仲裁员和秘书处即可。此前的规则要求当事人对于“书状和函件等类似性质的文件在任何情况下都必须要向各方送达一份纸质副本”。同时，《仲裁规则（2021）》也保留规定：如果双方有明确约定需要用传统的回执函、挂号信、特快专递等形式寄送文件的纸质副本，则应当遵从双方约定。换言之，在双方当事人没有特别约定/要求的情况下，当事人只需通过电子邮件等技术手段即可完成相关文件送达，不再需要于线下寄送多份纸质文件。①

（4）先进的仲裁立法

国际商会的总部设在巴黎，这在很大程度上使巴黎这座历史文化

① “2021 Arbitration Rules and 2014 Mediation Rules”, ICC, https://iccwbo. org/content/uploads/sites/3/2020/12/icc-2021-arbitration-rules-2014-mediation-rules-english-version. pdf.

名城成为现代国际商事仲裁的中心。法国政府十分重视国际商会的活动以及巴黎作为仲裁地的重要性；提升本国仲裁法律环境一直以来是政府不遗余力的努力方向；法国仲裁法自 20 世纪 80 年代进行重大变革以来一直在世界范围内处于领先地位，被认为是最具影响力的仲裁法律之一。

1980 年 5 月 14 日，法国政府颁布了第 80—354 号法令，更新其国内仲裁立法；1981 年 5 月 12 日又颁布第 81—500 号法令，该法令涉及与国际仲裁相关的法律规定。这两个法令共同构成《法国仲裁法（1980—1981）》，为法国仲裁制度的全面革新奠定了基础，从而使法国仲裁走在了时代前列。①

2011 年，法国政府曾经发布了一份旨在加强巴黎在地域上的法律竞争力的 Prada 报告，以巩固巴黎的国际仲裁中心地位，应对来自新加坡、伦敦、日内瓦、斯德哥尔摩等地的激烈竞争，也推动了新一轮的仲裁立法改革。同年，法国政府再度全面修订仲裁法，2011 年 1 月 13 日，法国政府公布第 2011—48 号《仲裁改革法令》。它载于《民事诉讼法典（2011）》第 1442—1527 条，包含了针对国内仲裁、国际仲裁以及国内和国际仲裁的共同条款。新的法国仲裁法仍保持了其二元立法的结构，即区分国内仲裁与国际仲裁，额外增加了诸如时间期限、当事人放弃提起撤销之诉等新规定，变更了仲裁协议未指定仲裁员或未规定仲裁员选任规则时的效力、仲裁庭的保密范围、国内仲裁裁决能否上诉等规定，以及将判例法的相关规则进行规定，如禁止反言原则、国际仲裁程序应遵守的原则等。② 新的法国仲裁法取代了《法国仲裁法（1980—1981）》的法令条款，编纂了许多有利于仲裁的原则以及法国法院自 1980 年以来对《民事诉讼法典（1981）》

① 傅攀峰：《法国仲裁制度的发展历程——从文艺复兴时期谈起》，《北京仲裁》2018 年第 2 期。

② 朱昕昱：《法国仲裁制度的发展与完善》，《人民法院报》2018 年 3 月 2 日第 8 版。

的解释，进一步加强了法国支持仲裁的理念，在考虑本地仲裁实践的基础上，也引入了其他司法管辖区的创新。[①] 综合来看，2011 年仲裁法改革的主要进步在于：①重新定义法院在仲裁中的作用，明确规定了助仲法官（Juge D'appui）和该法官的普遍管辖权，以协助任何仲裁程序的进行；②简化司法对仲裁裁决审查的程序；③废除对仲裁裁决的质疑引发的暂停效力；④引入普通法中的丧失反对权或禁止反言原则，根据该原则，如果一方当事人在知情且无合法理由的情况下没有及时对仲裁庭的违规行为提出反对，则应被视为放弃对该行为的反对权。

（5）引领潮流的仲裁司法审查

如果说法国的仲裁立法在某种程度上成为仲裁制度创新与变革的标杆，那么法国法院则为仲裁裁决的执行提供了最佳土壤。仲裁界有一个说法是，如果一个仲裁裁决在世界上还有最后一个地方可以申请执行，那一定是法国！尤其是法国最高法院（Cour de cassation）和巴黎上诉法院（Cour d'appel de Paris）通过仲裁司法案件的判例极大地丰富和完善了法国的仲裁法律制度，形成了诸多引领国际仲裁的判例规则。例如，早在 1963 年的 Gosset 案中，法国最高法院正式认可了国际仲裁条款的可分割性，即国际仲裁协议享有完全的自治性并且不受实体合同可能无效的影响。也就是说，仲裁协议具有不受主合同效力影响之独立性。这种司法观点随后为世界其他国家的仲裁理论与实践所接受，并从国际仲裁协议逐步扩展到国内仲裁协议，成为仲裁领域中的普遍适用规则。在 1994 年的 Hilmarton 案与 2007 年的 Putrabali 案中，法国最高法院确立了国际仲裁裁决执行的“非国内化”司法立场。在 Putrabali 案中，法国最高法院表示：“一项国际仲裁裁决，因其不能锚定于任何国家法律秩序，乃一项蕴含国际正义的决定，其

① “French Arbitration Law”, Aceris Law LLC, June 6, 2016, https://www.acerislaw.com/french-arbitration-law-2/.

有效性必须由裁决执行地国的准据规则来决定。”① 这也就意味着，即使是被宣告无效的外国仲裁裁决，仍然有可能被法国法院承认并执行。

3. 中立国模式：瑞典斯德哥尔摩和瑞士日内瓦

（1）瑞典斯德哥尔摩

商事仲裁在瑞典有着悠久的发展历史。早在1359年就有一部地方法典把仲裁作为纠纷解决手段列入其法令条例之中；1669年瑞典通过立法，赋予了仲裁裁决书强制执行力；1887年，瑞典颁布了第一部《瑞典仲裁法》。最近一次《瑞典仲裁法》修订是在2019年，目的就是进一步提升仲裁的效率，增加瑞典仲裁的吸引力，进一步明确仲裁司法审查的标准，大胆提出仲裁庭作出越权仲裁裁决的，只能在越权行为对裁决结果有明显影响时，才能以此为由撤销仲裁裁决。在国际仲裁领域，瑞典斯德哥尔摩以其特有的中立性而成为国际商事主体广泛认可的一个国际仲裁中心。

A. 中立的政治立场

在20世纪70年代以前，瑞典斯德哥尔摩以及SCC在国际仲裁中并不为人所熟知，随着美国和苏联两大阵营在政治、军事等方面的对抗持续升级，使得正常的经济纠纷也无法得到妥善解决，于是冷战中的两大阵营基于瑞典这个国家在政治上的中立性，就一致决定推荐SCC作为处理东西方两大阵营之间经济纠纷的主要仲裁机构。② 因此，基于瑞典在两次世界大战中保持中立的政治立场，使得东西方两大阵营对其有天然的信任，政治之外的经贸往来在瑞典都能正常开展，因而进一步促进了SCC在20世纪70年代被联合国确认为解决东西方争议的

---

① 转引自傅攀峰《法国仲裁制度的发展历程——从文艺复兴时期谈起》，《北京仲裁》2018年第2期。

② 贾倞：《斯德哥尔摩国际商事仲裁的理论及实践》，《北京仲裁》2004年第3期。

中立仲裁机构。也正是得益于瑞典中立国的政治身份，中国也于同一时期承认 SCC 为解决中国与其他国家商事纠纷的仲裁机构。瑞典这一中立国的政治立场就为 SCC 在国际争议解决方面的发展提供了得天独厚的背景优势，在此之后 SCC 走上了国际化发展的道路，逐渐成为全世界最受国际当事人认可的优质仲裁机构之一。

B. SCC 的独立性

SCC 于 1917 年成立，隶属于瑞典斯德哥尔摩商会，是瑞典最为重要的常设仲裁机构。瑞典国内其实有三个主要仲裁机构，其中最出名的就是 SCC，其他两个仲裁机构以解决瑞典国内商事纠纷为主，所以在国际上的知名度远低于 SCC。商事仲裁是随着商品经济而逐步产生和发展起来的，最初就是服务于解决商人之间纠纷而产生的，因此 SCC 的设立组建也遵循了国际仲裁机构设立的一贯做法，即在商会组织下酝酿成立。然而，SCC 仲裁规则第 1 条以及附件一组织机构部分就有明确规定，即 SCC 是斯德哥尔摩商会的一部分，但其在争议解决方面是独立的，不受斯德哥尔摩商会干涉。

在 SCC 日常运营过程中，仅在机构理事会主席、副主席与理事人选上斯德哥尔摩商会有决定权。即在决定 SCC 理事会主席、副主席与理事时，由 SCC 提出建议报斯德哥尔摩商会批准，斯德哥尔摩商会最终确定理事会成员人选，但是这一过程中 SCC 始终拥有人选的建议权。因此，机构的人事决定权也就成为斯德哥尔摩商会对 SCC 唯一的影响渠道，除此之外 SCC 完全是独立运行的，尤其是在争议解决方面。

SCC 设理事会和秘书处，理事会是决策机构，秘书处是执行机构。作为 SCC 决策机构的理事会，其成员包括理事会主席 1 名，副主席 3 名，委员最多不超过 12 人，理事会整体由 16 人组成。理事会中有一半以上的理事，即 16 人中的 8 人来自非瑞典国家，从全球选拔聘任，占理事会人数的一半。由此可见，SCC 决策层构成的国际化程度之高、范围之广。而且，理事会的全体成员都由专业人士担任，没有政府官员，更没有行政监管方面的官员。

SCC 理事会作为决策机构，在充分体现国际化的同时，也真正做到了民主决策和按规则办事。在机构管理过程中，SCC 理事会对出台重要文件、制定重大行政实施工作计划等专业工作有最终决定权；在案件管理过程中，理事会对案件管辖权异议、仲裁员回避、重大程序事项等有最终决定权；在日常管理过程中，理事会对仲裁规则、机构章程，各类指引指南以及仲裁员职业操守规范等文件的制定都有最终的决定权。拥有这些事项的决定权，既可以让理事会的专家真正深度地参与到 SCC 日常管理之中，又可以真正发挥专家的作用。总体而言，决策过程既民主又专业，遵守了少数服从多数的原则。

SCC 秘书处的总人数不超过 10 人。秘书处下设三个处室，每个处室有一个法律顾问，法律顾问之下是案件管理人，最多不超过 3 名。秘书处主要负责机构的日常工作，保障机构高效运营。

C. SCC 的国际公信力

SCC 每年受理约 200 件仲裁案件，涉及世界上 30—40 个国家或地区，在所有案件类型中有一类案件极为特殊，即国际投资条约仲裁案件。借助瑞典中立国的政治立场为其仲裁机构在国际争议解决方面提供的优势，SCC 在全球双边和多边投资领域发挥着重要且独特的作用。

目前至少 120 部双边投资条约（BITs）选择 SCC 作为解决投资者与东道国之间争议的机构。其中 61 个投资保护协定明确规定 SCC 仲裁规则将适用于解决投资争议，60 个投资保护协定将 SCC 作为《联合国贸法会仲裁规则》下的任命机构或者将瑞典作为仲裁受理地。SCC 的仲裁规则在最常使用的投资争议规则中排名第三，同时也是继世界银行国际投资争议解决中心（ICSID）之后排名世界第二的投资争议解决机构。

国际上，仅国际投资争端解决中心（International Center for Settlement of Investment Disputes，ICSID）一家机构每年受理的国际投资

条约争议案件多于SCC。ICSID是依据《解决国家与他国国民间投资争端公约》建立的，是世界上第一个专门解决国际投资争议的仲裁机构，通过调解和仲裁方式，专门为解决政府与外国私人投资者之间争端提供便利而设立的机构。但是，ICSID是一个国际组织，不是某一国家的仲裁机构。

在过去的20年中，90多个国际投资条约仲裁案件提交给SCC，使其成为仅次于ICSID之后的解决国际投资条约仲裁案件最多的仲裁机构，其他的仲裁机构例如海牙常设仲裁法院（Permanent Court of Arbitration，PCA）和ICC仲裁院受理的国际投资条约案件都远少于SCC。但这些机构都是国际非政府组织，只有SCC是瑞典的仲裁机构，所以瑞典中立国的政治立场对于其商事仲裁的发展有着极其重要的影响，也助力了SCC机构本身国际公信力的建设。

D. 仲裁案件与仲裁员的国际化

SCC受理的案件中每年几乎一半以上都是国际仲裁案件，在这些案件中，又有一半以上的案件当事人会选择外国实体法和非瑞典语开展仲裁程序。以2018年SCC受理案件情况为例，2018年受理案件总数为152件，其中瑞典国内仲裁案件和国际仲裁案件各占比50%，即其中的76件均为国际仲裁案件。从案件适用程序看，2018年SCC受理的仲裁案件中普通程序案件要多于快速程序的案件，152个案件中有87个案件适用普通程序，52个案件用快速程序；从案件当事人国别看，152个案件涉及来自43个国家的当事人，其中排在前三位的国家分别是俄罗斯、德国和乌克兰；从案件争议类型看，2018年SCC受理仲裁案件的主要类型涉及服务贸易、货物贸易、商业收购、股权转让等；从案件当事人对实体法的选择看，在2018年SCC的152个案件中，当事人选择实体法为瑞典法的案件有83个，除此之外，几乎一半的案件当事人选择适用外国法律或国际条约，选择最多的如英国法、联合国国际货物销售合同公约，其次是德国法、挪威法、波兰法、国际公法、俄罗斯法、丹麦法、荷兰法、乌克兰法、芬兰法，埃塞俄比亚法等；从案件当事人约定的仲裁语言看，2018 年 152 个案件中有 75 个案件约定使用瑞典语，其余案件约定使用英语、俄语、德语、芬兰语和挪威语等。

仲裁庭通常由 3 人组成，SCC 要求首席仲裁员应同时具备东西方法律的教育背景，熟悉东西方的法律文化，并具备较为丰富的法律从业经验。选择仲裁员对于仲裁案件当事人极为关键，甚至有学者形容“仲裁的好坏在于仲裁员（Arbitration is only as good as arbitrators）”。SCC 没有仲裁员名册，但按照 SCC 的仲裁规则，首席仲裁员的国籍应该不同于当事人双方的国籍。以 2018 年 SCC 受理案件情况为例，仲裁员指定以欧洲人居多，其中欧洲仲裁员 210 人、亚洲仲裁员 5 人、北美仲裁员 5 人、澳大利亚仲裁员 3 人。因此，即便在 SCC 没有仲裁员名册的情况下，也能看出其仲裁员构成的国际化水平。

（2）瑞士日内瓦

瑞士地处欧洲中心，自 16、17 世纪以来，逐步形成中立国传统。1815 年维也纳会议确立了瑞士永久中立国身份，使之成为世界上首个永久中立国。瑞士因此保证了国家的稳定与安全，特别是平静地度过两次世界大战的劫难，甚至可以中立国身份与交战国进行贸易与金融交易并从中获益。[①] 长期以来，瑞士作为永久中立国在国际事务中保持独立立场，不受大国政治左右，得到国际社会的高度认可，也使其可以在国际争端解决领域维持公正、独立的良好形象。

基于瑞士中立国的独特地位，不少政府间国际组织与民间机构都纷纷选择日内瓦设立总部或办事机构，包括世界知识产权组织、世界贸易组织、国际奥林匹克委员会、国际劳工组织、国际红十字会、联合国驻欧洲总部、国际妇女争取和平与自由联盟等。其中一些国际组织会在其职责范围内负责协调或解决国际争端，从而进一步提升了日内瓦在国际争端解决领域的地位与影响力。

---

① 易欣：《小国瑞士的“大说法”》，《群众》2017 年第 6 期。

A. 瑞士的国际仲裁立法

日内瓦作为受欢迎的仲裁地在多项国际仲裁调查中都名列前茅。在伦敦玛丽女王大学进行的国际仲裁调查中，日内瓦通常入选世界排名前五的最受欢迎仲裁地。[①] 为了维持国际仲裁的优势，瑞士专门制定适合国际仲裁的立法。《瑞士联邦国际私法典》（1987 年通过，2020 年修订）堪称国际私法法典的“模板”，不仅理念先进、内容全面且条文精炼，其中第 12 章是专为国际仲裁而量身定制，体现了立法者支持国际仲裁并使瑞士成为受欢迎仲裁地的意图。对于瑞士国内仲裁依然适用《联邦民事诉讼法》。因此，瑞士仲裁立法实际区分国内仲裁与国际仲裁，采取了“双轨制”。

《瑞士联邦国际私法典》包含诸多有利于国际仲裁的规定，例如，该法第 177 条规定：“所有具有财产性质的纠纷都可以提交仲裁。如果仲裁协议的一方当事人是国家或者是由国家支配的企业或组织，那么该方当事人不得援引其本国法律对其作为仲裁当事人的资格或争议的可仲裁性提出异议。”这也就意味着，不论是私人主体之间、私人与国家公权力机关之间以及国家与国家之间的财产性纠纷都可以在瑞士通过仲裁解决，且明确当事人不得援引本国法律为其作为仲裁当事人的资格或争议的可仲裁性提出异议。第 190 条清晰地规定了仲裁裁决可撤销的五种情形：第一，独任仲裁员的指定或仲裁庭的组成不当；第二，仲裁庭错误行使或未行使管辖权；第三，仲裁裁决超出提交仲裁庭的申诉范围或者对申诉之一未作出决定；第四，违反平等对待当事人原则或侵犯当事人被聆听的权利；第五，仲裁裁决违反公共政策。对于仲裁裁决的撤销，当事人可以直接向瑞士联邦最高法院提出申请。通常，仲裁司法审查的时间是 4—6 个月，法院尽量保持最

① “2021 International Arbitration Survey：Adapting Arbitration to a Changing World”，Queen Mary University of London（School of International Arbitration），https://arbitration.qmul.ac.uk/research/2021-international-arbitration-survey/.

低限度的仲裁司法审查。最新数据表明，撤销仲裁裁决一般都在短于5个月的时间内作出，仲裁裁决得到确认有效的概率是93%。①

2017年，瑞士政府颁布了旨在改革瑞士国际仲裁立法的草案。2020年6月9日，瑞士国会两院经过多轮讨论和修改，通过了最终版本的国际仲裁法改革方案。修订的目的在于统一联邦法院30年来在仲裁实践中确立的裁判规则，优化仲裁和司法的关系，更好地保持瑞士领先的国际仲裁中心的地位。2020年6月9日，瑞士国会两院经过多轮讨论和修改，通过了国际私法典涉外仲裁编修订法案，该法于2021年1月1日正式生效。

修订后的瑞士仲裁立法更加清晰，尤其增强了仲裁程序的易用性，更加适合国际仲裁案件的审理。例如，《瑞士联邦国际私法典》第176条规定："在仲裁协议签订时，至少有一方当事人在瑞士境外有住所、经常居住地、所在地或营业地。"也就是说，在仲裁协议签订后，这些地理因素的任何变化变得无关紧要，不会影响仲裁协议的效力，新修订法更加简化了仲裁协议的形式要求。根据第178条的规定，当一方当事人符合形式要求时，仲裁协议在形式上有效，即使另一方不符合形式要求（例如，一方当事人口头接受仲裁协议）。此外，仲裁协议可由单方行为签订（如遗嘱、投标要约、基金会和信托的章程）。在仲裁程序方面，第182条明确规定，当事人有义务对任何明显违反程序规则的行为立即提出异议，否则违反者将丧失在进一步程序中提出异议的权利。此外，对于多方仲裁中仲裁庭的指定，如果当事人未就具体规则（如通过引用机构仲裁规则）达成协议。为了进一步吸引国际仲裁当事人，节省其仲裁费用与时间，2020年修订的新法允许当事人用英语向联邦最高法院提出撤裁申请，而之前法律认可的官方语言是法语、德

① 向阳：《最受欢迎国际商事仲裁地之析》，《北京仲裁》2009年第3辑。

语、意大利语和拉丁罗曼什语，并没有英语。①

B. 从分散走向集中的本土仲裁机构与仲裁规则

在2004年以前，瑞士本土的仲裁机构处于极为分散的状态之下。在日内瓦（Geneva）、巴塞尔（Basle）、伯尔尼（Berne）、洛桑（Lausanne）、洛迦诺（Lugano）及苏黎世（Zurich）均有商会设立的仲裁院。这六家机构也出台了自己的仲裁规则，而这种“各自为政”的状态并不利于维护瑞士作为仲裁地的国际形象。早在20世纪90年代，便有瑞士仲裁协会的两位成员提议瑞士商会（Swiss Chambers of Commerce）应制定统一的国际仲裁服务规则。终于，在2006年六家仲裁机构联合接受了统一的《瑞士国际仲裁规则》，该规则后于2012年重新修订。② 2007年，纳沙泰尔（Neuchâtel）工商会成为联合会的第七名成员，接受了统一仲裁规则。至此，瑞士有了基本一致的国际仲裁规则，使国际仲裁当事人对瑞士仲裁有了更加清晰的认识和了解，且统一的仲裁规则被译为十多种国家语言，以方便国际仲裁当事人使用。2012年，七家仲裁机构的联合会正式被命名为“瑞士商会仲裁院”（Swiss Chambers’ Arbitration Instituion，SCAI）并将总部设在日内瓦，此举将瑞士仲裁机构推向一体化。③ 由此，瑞士的国际仲裁走过了从分散到集中的道路，从而更加注重以整体方式向世界展示一张瑞士仲裁“名片”。

C. 瑞士的国际仲裁人才

瑞士既有法语区，还有德语区，且随着瑞士日内瓦地区的国际化程度提高，英语也成为瑞士人普遍掌握的语言。这为培养优秀的国际仲裁人才提供了良好的语言环境，由此也涌现出包括加布里埃尔·考夫曼—科勒（Gabrielle Kaufmann-Kohler）、马蒂亚斯·谢赫（Matthias

---

① 董箫：《瑞士国际商事仲裁发展之路》，中国社会科学院国际法研究所“区域仲裁中心建设研讨会”分享材料，2020年9月17日。

② 2021年6月适用新版《瑞士国际仲裁规则》，2021年8月1日，https://www.swissarbitration.org/wp-content/uploads/2021/06/Swiss-Rules-2021-EN。

③ 详见瑞士仲裁协会网站，2021年3月1日，http://www.swissarbitration.ch。

Scherer）等一批具有国际知名度与影响力的仲裁员和仲裁律师。著名的日内瓦大学法学院国际争端解决硕士项目每年吸引大量有志于投入国际仲裁事业的青年学生、律师以及政府机构工作人员，为国际仲裁输送了人才，同时也提高了瑞士国际仲裁的知名度。[①] 瑞士的仲裁学者和仲裁律师还组建了瑞士仲裁学院（Swiss Arbitration Academy，SAA）提供仲裁实务培训，并与大学合作提供仲裁高级证书。

4. 国家倡导模式：新加坡

经新加坡政府经济委员会提议，新加坡国际仲裁中心（Singapore International Arbitration Centre，SIAC）于 1990 年 3 月成立。该中心是依新加坡《公司法》设立的担保有限公司，其宗旨是为国际、国内的商事仲裁和调解提供良好的服务，促进仲裁和调解广泛应用于解决商事争议，并培养一批熟悉国际仲裁法律和实践的仲裁员和专家。1991 年 7 月，在新加坡经济发展委员会和贸易发展委员会的资助下，新加坡国际仲裁中心开始运营。[②]

近年来，在新加坡政府的支持下，新加坡国际仲裁中心迅速成长为世界领先的仲裁机构。根据伦敦玛丽女王大学《2021 国际仲裁调查报告》，新加坡国际仲裁中心在世界五大仲裁机构中位列第二，仅次于国际商会国际仲裁院。[③] 2021 年新加坡国际仲裁中心受案标的总额达到 65.4 亿美元。新受理的案件中 86% 都是国际仲裁案件，只有 14% 是国内案件。国际仲裁案件当事人来自 64 个法域，主要来源国家和地区分别是印度、中国、中国香港、美国和马来西亚。在程序管理创新方面，截至 2021 年，新加坡国际仲裁中心已经处理 700 个快

---

① "MIDS Program", CIDS, http://www.cids.ch/mids/the-program/mids-program.

② 付绪兵：《新加坡仲裁制度研究——新加坡仲裁机构》，《天府新论》2008 年 12 月。

③ "2021 International Arbitration Survey: Adapting Arbitration to a Changing World", Queen Mary University of London (School of International Arbitration), https://arbitration.qmul.ac.uk/research/2021-international-arbitration-survey/.

速程序和120个紧急仲裁员程序。此外，自2016年推出合并仲裁以来，新加坡国际仲裁中心也已经收到50份申请。[①]

（1）新加坡与时俱进的仲裁立法

19世纪以来，新加坡的仲裁理念深受英国仲裁法的影响。在国内仲裁立法方面，新加坡于1953年制定了第一部仲裁立法，其内容、体例、形式几乎与英国的仲裁法一致。在1979年英国仲裁法修订以后，新加坡在借鉴英国修订法的基础上于1980年颁布了新的《仲裁法》，并于1985年再次进行修订，[②] 但无论如何，这一时期的仲裁均未明确区分国际仲裁与国内仲裁，所有仲裁案件都被同等对待。为了支持新加坡国际仲裁的发展，建立起良好运行的国际仲裁法律系统，立法机构决定制定一部国际仲裁的专门法律，即《新加坡国际仲裁法（1994）》。[③] 该法吸纳了联合国贸法会《示范法》的精神、理念和主要规定，适用于在新加坡进行的国际商事仲裁，旨在进一步协调与国内、国际仲裁有关的法律规定，为新加坡成为当事人认可的仲裁地创造了良好的仲裁立法环境。该法采纳了一些不同于国内仲裁的制度，如保密制度、仲裁程序开始之前的调解制度、仲裁员过失及过错行为免责制度、司法协助制度和仲裁费用分摊制度等。[④]

为了紧跟国际商事仲裁实践的发展需求，立法机构对《新加坡国际仲裁法（1994）》进行了密集的修订，分别是在2001年、2002年、2005年、2009年、2012年、2016年和最近的2020年，几乎是平均每三年左右更新一次。正如新加坡律政部所言："多年来，新加坡已

---

① "SIAC Annual Report 2021", SIAC, https://siac. org. sg/images/stories/articles/annual_report/SIAC-AR2021-FinalFA.

② 苏艺靓：《新加坡仲裁制度新发展述评》，《东南司法评论》2017年卷·总第10卷。

③ 石现明：《新加坡国际国内商事仲裁制度比较研究》，《东南亚纵横》2011年第4期。

④ ［新加坡］杨炎龙：《国际商事争议解决——如何在新加坡和香港进行国际商事仲裁》，中国商务出版社2011年版，第41页，转引自苏艺靓《新加坡仲裁制度新发展述评》，《东南司法评论》2017年卷·总第10卷。

经成为国际商事仲裁的热门仲裁地，致力于继续满足商业纠纷各方及行业不断变化的需求；根据业界的反馈意见和律政司对国际仲裁立法框架的定期审查，律政司考虑各种修正案和建议，以完善新加坡国际仲裁制度。”①

（2）新加坡政府助力发展国际仲裁

从20世纪80年代中期开始，新加坡政府便设想将新加坡打造为一个主要的纠纷解决中心，作为其成为“一站式商业中心”目标的一部分。经过1985年严重经济衰退的阵痛后，经济审查委员会建议在新加坡建立一个仲裁中心，作为使新加坡经济更具竞争力的全面一揽子措施的一部分。② 1986年，时任贸易与工业部部长李显龙担任主席的新加坡政府经济委员会，建议在新加坡设立一个国际仲裁中心，以确保新加坡作为区域法律服务中心的地位。1987年，新加坡政府专门成立了工作组。③ 此外，新加坡政府针对替代性纠纷解决机制的发展专门成立ADR（替代性纠纷解决机制）小组，并在法院、政府部门、行业协会、社区、消费者协会等内部成立了纠纷解决中心，如新加坡金融业纠纷中心、新加坡劳动争议解决中心及相关社区争议解决中心等。这些纠纷解决中心都可以为国内外相关当事人提供非诉讼争议解决途径。④

A. 改善国际仲裁的“硬环境”

在国际商业往来中，仲裁场所的软硬件设施便利化程度也是立约双方在约定仲裁条款时所考量的重要因素之一。2002年，时任新加坡经

① “Public Consultation on International Arbitration Act”, Singapore Ministry of Law, https://www.mlaw.gov.sg/news/public-consultations/public-consultation-on-international-arbitration-act.

② “Harmony as Ideology, Culture, and Control: Alternative Dispute Resolution in Singapore”, Eugene K. B. Tan, *Australian Journal of Asian Law*, Vol. 9, No. 1, p. 122.

③ Yong Tong Ang, “SIAC: Arbitration in the New Millennium”, Singapore Law Gazette, http://www.lawgazette.com.sg/2000-1/Jan00-23.htm.

④ 李一鸣：《域外国际仲裁中心的发展经验及启示》，2021年3月1日，https://mp.weixin.qq.com/s/1l4e9dIYoAgKL53XJW8H0w。

济审查委员会法律服务工作组主席的李显龙强调，新加坡需要建立“良好的基础设施”促使其成为区域性的纠纷解决服务中心。在这样的理念之下，麦士威国际争议解决中心（Maxwell Chambers）的设计方案初现雏形，但是政府认为该中心对于新加坡而言意义非凡，需要为其挑选一块热闹繁华而又交通便利的“风水宝地”。因此，在经过广泛征集意见并讨论之后，2007 年 1 月，位于新加坡中央商业区的前海关总署大楼最终被选定为麦士威国际争议解决中心的所在地。该大楼历史悠久，为新加坡第 88 个历史遗址，地处商业中心又是地标性建筑。之后根据需要，大楼经过近 3 年翻新，更名为麦士威国际争议解决中心，由新加坡政府注资成为有限责任公司形式，于 2010 年 1 月正式开始营业。① 2019 年 8 月，麦士威国际争议解决中心豪院正式启用，该场所作为麦士威国际争议解决中心的延伸，将有助于拓展业务，进一步强化新加坡作为国际纠纷化解中心的地位。② 目前，麦士威国际争议解决中心豪院提供了超过 50 个办公区域，具有先进的庭审设施（提供虚拟庭审服务），吸引了国际商会仲裁院、伦敦国际仲裁院、新加坡国际仲裁中心、新加坡国际调解中心等国际争议解决机构以及多家仲裁员工作室、大律师工作室、翻译和速录等专业服务机构入驻。③

B. 改善国际仲裁发展的“软环境”

新加坡在 2004 年的《法律职业法》中允许外国律师单独代理以新加坡为仲裁地的仲裁案件；2008 年的《法律职业规定》允许外国律师对包含仲裁协议且以新加坡为仲裁地的合同所涉及的新加坡法律问题发表意见。此外，新加坡政府自 2002 年起对国际仲裁员的所得税予以豁免。只要不审理涉及政治、宗教、种族的案件，无须办理工

① 赵蕾：《打造“一带一路”国际纠纷解决机构集散地（上）》，2021 年 2 月 28 日，http://www.ccpit.org/Contents/Channel_4132/2018/0314/977191/content_977191.htm。

② 《麦士威国际争议解决中心豪院翻新竣工》，2021 年 6 月 20 日，https://www.163.com/dy/article/EF7AKDP705457C3T.html。

③ 张寸渊：《建设国际仲裁中心——新加坡经验分享》，中国社会科学院国际法研究所“区域仲裁中心建设研讨会”分享材料，2020 年 7 月 24 日。

作许可，国际仲裁员可以凭借短期旅游签证入境新加坡。①

（3）SIAC 作为本土仲裁机构的迅速崛起

在新加坡政府的积极倡导与支持之下，尽管 SIAC 相较于 LCIA、ICC 仲裁院、SCC 等传统国际仲裁中心历史较短，甚至晚于亚洲的新秀“HKIAC”，但其发展速度令人惊叹，这离不开 SIAC 在机构运作与机构规则完善方面的积极进取，创新开拓。

在仲裁机构的运作效度方面，SIAC 的董事会负责公司治理、业务发展及机构的运营。仲裁院由 33 位来自世界各地的国际知名仲裁律师组成并监督案件管理，秘书局由具有加拿大、中国、英国、印度、印度尼西亚、马来西亚、菲律宾、新加坡以及美国等地律师执业资格的法律顾问组成，可提供全方位的专业案件管理。②

在仲裁规则的效用方面，SIAC 致力于完善并创新仲裁规则。其成立了“用户委员会”（Users Council），成员由来自世界各地的国际仲裁领域的顶尖专家组成，既包括外部律师也包括企业法务，旨在作为 SIAC 与其仲裁用户之间的桥梁，将用户的反馈和需求及时与 SIAC 沟通，以期不断改进 SIAC 的仲裁规则和服务。SIAC 的最新版仲裁规则于 2016 年 8 月 1 日起正式施行。这是自 SIAC 成立以来的第六次修订。它适应了社会经济的发展和变化，符合追求快速、经济、高效解决纠纷的目标，也进一步增添了 SIAC 作为国际仲裁中心的国际化色彩。新规则不仅对原有的部分条文进行了调整和修订，更新增了“多份合同仲裁”“追加当事人”以及“合并仲裁”等全新条款。③

在仲裁员专业能力方面，SIAC 聘请世界各领域内知名专家担任机构仲裁员。其仲裁员名册由具有国际化背景并且经验丰富的法律及

① 张寸渊：《建设国际仲裁中心——新加坡经验分享》，中国社会科学院国际法研究所“区域仲裁中心建设研讨会”分享材料，2020 年 7 月 24 日。

② 张寸渊：《建设国际仲裁中心——新加坡经验分享》，中国社会科学院国际法研究所“区域仲裁中心建设研讨会”分享材料，2020 年 7 月 24 日。

③ 叶渌、刘郁武、李丽：《最新版新加坡国际仲裁中心仲裁规则亮点介绍》，https://mp. weixin. qq. com/s/1l9iz2kFIk7jp63-ng2zvg。

行业专家组成，包括来自超过 40 个法域的 500 多名仲裁员，其中有超过 100 名在能源、工程、采购以及建筑等领域有着丰富经验的仲裁员，他们来自超过 25 个法域。此外，SIAC 于 2014 年 2 月首次建立知识产权争议仲裁员名册。①

在宣传推广与人才培养方面，SIAC 十分注重与其他机构加强合作。2017 年底，其发布了关于跨机构合作巩固国际仲裁程序的建议（Proposal on Cross-Institution Consolidation Protocol）。跨机构合并仲裁提案旨在促进有效地解决国际商业争端，这将为各方带来重大收益。通过允许在一个程序中解决相关问题，合并仲裁能更高效和更具成本效益地解决争议，同时将相关争议中决策不一致的风险降至最低。②2018—2020 年，SIAC 分别与中国多家仲裁机构（深圳国际仲裁院、西安仲裁委员会、中国国际经济贸易仲裁委员会、上海国际仲裁中心、北京仲裁委员会以及海南国际仲裁院等）签订合作备忘录，致力于共同推广国际仲裁，为商业社会提供更好的服务。在青年人才培养方面，SIAC 成立了青年组织（YSIAC），旨在促进各方采用区域性及国际性的仲裁及其他替代性争议解决机制，并为青年专业人士提供协力共进的平台，以应对法律界和商界在亚洲不同法域和文化背景下所面临的独特挑战。③ SIAC 也积极与中国高校开展相关合作，如 2020 年 7 月，SIAC 与复旦大学法学院签署了合作备忘录。根据该备忘录，SIAC 和复旦大学法学院将共同选拔复旦大学法学院学生参与新仲实习项目。此外，SIAC 和复旦大学法学院将共同合作，在复旦大学法

① 张寸渊：《建设国际仲裁中心——新加坡经验分享》，中国社会科学院国际法研究所“区域仲裁中心建设研讨会”分享材料，2020 年 7 月 24 日。

② 刘炯、汤旻利、张骋远：《国际商事仲裁在亚太的新发展——以各国及地区创新为视角》，《上海法学研究》2019 年第 17 卷。

③ 《新加坡国际仲裁中心青年组织招募进行时》，SIAC，2021 年 7 月 21 日，https://mp.weixin.qq.com/s/vWjv7-vfIxHKrZfthvDsEg。

学院法科项目加入“SIAC 和机构仲裁”课程。[①]

（4）新加坡法院对国际仲裁的大力支持

新加坡司法实践给予了仲裁程序最大的支持以及最低的干预。其中，新加坡高等法院主要负责仲裁相关案件的司法审查，其专业的法官队伍确保了司法审查的公正和高效。同时，新加坡高等法院可以指定专家协助法院处理仲裁相关问题。[②] 此外，新加坡法院对仲裁的支持还体现在：首先，新加坡法院不任意审查和撤销国际仲裁的裁决。根据新加坡《国际仲裁法》第 24 条及其立法精神，法院仅能就仲裁裁决的形式问题进行审查，不能就仲裁裁决的实体问题或者有关实体的法律问题进行审查；其次，新加坡法院强制执行仲裁协议，使其发生效力。根据新加坡《国际仲裁法》第 6 条，在法院没有确信该仲裁协议无效的前提下，法院应当中止全部与该仲裁有关的诉讼，并强制将该案件提交仲裁；再次，新加坡法院强制执行仲裁裁决。根据新加坡《国际仲裁法》第 19 条以及第 29 条，新加坡仲裁裁决以及《纽约公约》缔约国仲裁裁决均可经法院审核准许后，按照执行法庭审判或命令的相同方式予以强制执行；最后，其他法院强制命令协助仲裁进行。根据新加坡《国际仲裁法》第 13 条以及第 14 条，仲裁庭可根据法院的命令强制新加坡境内证人到仲裁庭做证或传召囚犯到仲裁庭接受讯问，以此来协助仲裁程序的进行。[③]

---

① 《新加坡国际仲裁中心和复旦大学法学院签订合作备忘录》，SIAC，2021 年 2 月 28 日，https://mp.weixin.qq.com/s/2OILL0UOarV4Abz4NgBhzA。

② 张寸渊：《建设国际仲裁中心——新加坡经验分享》，中国社会科学院国际法研究所“区域仲裁中心建设研讨会”分享材料，2020 年 7 月 24 日。

③ 《“一带一路”沿线国家国际仲裁制度研究（一）》，中国国际经济贸易仲裁委员会，http://www.cietac.org/Uploads/201604/570fcdb8d2411.pdf。

三　中国区域性国际仲裁中心的发展路径

通过参考域外国际仲裁中心建设与发展的经验，立足中国实际情况，中国应当发展区域性国际仲裁中心，可以选择东部沿海地区、东北地区、东南地区、西北地区、西南地区以及南部区域，发展结合区位经济优势的多元化国际仲裁中心。在不同区域可以选择有发展基础的中心城市及相应的仲裁机构作为能够辐射城市周边地区以及地域相近的外国当事人主体的国际仲裁服务提供者，以适应“一带一路”倡议下对不同国家和地区的国际商事争议解决的差异化需求。例如，在西北地区可能适合且需要发展对接中东与阿拉伯国家语言、文化与法律制度的国际仲裁中心，以有利于解决中国与相关国家的仲裁需求；在东北地区可以考虑形成对接俄罗斯及独联体国家的国际仲裁中心；在东南地区可以形成面向东盟国家解决国际商事纠纷的国际仲裁中心等。多点的区域性国际仲裁中心发展不仅有利于国家战略目标的实现，同时可以避免单一“中心化”国际仲裁中心发展的弊端，注重不同地方发挥自身的地域与资源优势。区域性国际仲裁中心的发展可以采用“经济驱动 + 国家倡导”相结合的模式，借鉴和吸纳国际组织模式与中立国模式中一些好的方式方法，形成具有中国特色的发展路径。

（一）“经济驱动+国家倡导”的发展模式与基本原则

“经济驱动+国家倡导”的路径契合新的历史时期中国经济飞速发展的客观现实，有利于仲裁行业的健康快速发展。经济活动的日益频繁以及经济纠纷的日益复杂，需要公信且高效的仲裁运行系统。中国仲裁中心的建设应当准确把握不同区域对仲裁的现实需求，致力于为当事人提供精准且优质的仲裁法律服务。更重要的是，中国仲裁中心的发展必须依靠国家力量，有赖于各级政府在不干预仲裁机构自主运营、不影响仲裁程序和结果公正性和独立性的前提下，从政策以及具体举措层面给予有力支持。具体而言，应当坚持以下发展的基本原则。

1. 开放包容原则

仲裁制度的核心特色是充分尊重当事人的意思自治。“意思自治”被视为“国际商事仲裁制度基石的源流与价值”[①]。

在仲裁法律服务中，秉持开放包容原则是对当事人的最大尊重和对意思自治的最大保护。对于国际社会较为看重的当事人意思自治的主要内容（选择仲裁地；选择特定的仲裁机构或完全放弃机构仲裁；选择仲裁员；选择首席仲裁员的指定方式和指定机构；在不违反能力与独立性的基本标准的情况下，施加或取消仲裁员国籍或其他资格要求；选择仲裁语言；遵循正当程序以及仲裁员独立的基本标准的情况下的变更程序）[②]，也需要秉承开放包容原则加以落实。

---

① 刘晓红、冯硕：《论国际商事仲裁中机构管理权与意思自治的冲突与协调——以快速仲裁程序中强制条款的适用为视角》，《上海政法学院学报》2018 年第 5 期。

② ［澳］Graeme Johnston：《中国商事仲裁中的当事人意思自治》，陈渊鑫译，《北京仲裁》2011 年第 2 辑。

在中国仲裁机构设置具有显著“行政地域性”的现实背景下，开放包容原则对于发展国际仲裁中心更具有特殊意义。现行《中华人民共和国仲裁法》第10条规定：“仲裁委员会可以在省辖市和省、自治区人民政府所在地市设立，也可以根据需要在其他设区的市设立，不按行政区划层层设立。仲裁委员会由前款规定的市的人民政府组织有关部门和商会统一组建。”这实际上使得仲裁机构具有很强的属地性。就国内实践来看，中国国际经济贸易仲裁委员会根据省级贸促会的请求在各地（主要是省会所在地）设立分支机构时曾经遇到过各种阻力，各相关省会城市仲裁机构均表达了强烈反对意见。而从制度设计看，《仲裁法》第16条对仲裁协议有效的严格要求（请求仲裁的意思表示、仲裁事项、选定的仲裁委员会）使得相当一批仲裁协议归于无效。中华人民共和国最高人民法院《关于适用〈中华人民共和国仲裁法〉若干问题的解释》（以下简称《仲裁法解释》）第六条规定：“仲裁协议约定由某地的仲裁机构仲裁且该地仅有一个仲裁机构时，该仲裁机构视为约定的仲裁机构。该地有两个以上仲裁机构的，当事人可以协议选择其中的一个仲裁机构申请仲裁；当事人不能就仲裁机构选择达成一致的，仲裁协议无效。”① 由于当事人（包括大多数律师）对于仲裁制度缺乏了解，实践中大量存在当事人约定“某地仲裁机构仲裁”这类不规范的仲裁条款，因此也使得仲裁机构由于在一个城市设立多个仲裁机构而受到影响。

在这样一种情况下，要发展区域性国际仲裁中心须确立开放包容原则，引进非本地的仲裁机构，包括外地仲裁机构和境外仲裁机构，才能改变目前中国仲裁机构设置不合理，仲裁服务地方色彩浓厚以及仲裁行业管理各自为政的诸多弊端。② 2020年9月7日，国务院复函

① 《最高人民法院关于适用〈中华人民共和国仲裁法〉若干问题的解释》，法释〔2006〕7号，2006年9月8日实施。

② 赵健：《回顾与展望：世纪之交的中国国际商事仲裁》，《仲裁与法律》2001年第1期；李正华：《中国仲裁制度研究》，《当代法学》2003年第3期。

同意《深化北京市新一轮服务业扩大开放综合试点，建设国家服务业扩大开放综合示范区工作方案》；2020 年 9 月 21 日，国务院发布《中国（北京）自由贸易试验区总体方案》，宣布北京将充分发挥国际商事争端预防与解决组织平台作用，强化多元化法治保障，允许境外知名仲裁机构及争议解决机构在北京市特定区域设立业务机构，就国际商事、投资等领域发生的民商事争议提供仲裁服务，支持和保障中外当事人在仲裁前和仲裁中的财产保全、证据保全、行为保全等临时措施的申请和执行。2020 年 12 月 31 日，北京市司法局发布《境外仲裁机构在中国（北京）自由贸易试验区设立业务机构登记管理办法》①，深度贯彻落实上述总体方案。由此可见，开放包容的理念已经开始被中国的政策制定者所接受，也只有如此，中国才能真正培育出具有全球影响力的国际仲裁中心，适应国际争端解决的需求和全球治理体系的变化。

2. 鼓励竞争原则

竞争不仅存在于仲裁领域，而且是仲裁不断向前发展的重要推动力。仲裁的协议选定之特性，赋予当事人最大的自由选择权，而仲裁的终局性又会使当事人在选择仲裁地、仲裁员和仲裁机构时更多地考察仲裁的质量与服务。只有保证仲裁的公正、廉洁、高效，才能树立起仲裁服务提供者的良好声誉。

对发展区域性国际仲裁中心而言，竞争不是不可避免，而是必须存在。据学者研究，② 国家全力争取该国某地成为仲裁中心的经济社会动因，可归纳为以下两点：第一，经济利益的驱动。成为仲裁中心对仲裁地的律师业有极大促进。基于属地管辖等基本理论，从现实角

---

① 《境外仲裁机构在中国（北京）自由贸易试验区设立业务机构登记管理办法》，京司发〔2020〕91 号，北京市司法局，2020 年 12 月 31 日，http://sfj.beijing.gov.cn/sfj/zwgk/zcfg59/10913870/index.html。

② 向阳：《最受欢迎国际商事仲裁地之析》，《北京仲裁》2009 年第 3 辑。

度看，仲裁地的法律，特别是强制性规则等法律对仲裁的进行及裁决的承认执行等方面仍有着深远的影响。因此，对该国法律甚为熟悉的当地律师自然有着被当事人选任的天然优势。特别是在独任仲裁员和首席仲裁员的选任上，更凸显这一特点。仲裁程序中的庭审一般都会在仲裁地进行。当事人及其代理人、证人、相关专家、仲裁庭组成人员以及行政秘书等都会汇聚到仲裁地，这当然推动了该地服务业等产业的发展。第二，国家和城市仲裁盛誉的远播。仲裁主办者的角色使得仲裁地所在城市与国家美名得到传播。国际商事仲裁中受欢迎的仲裁地一般都是当事人比较信任的地点。这里信任的对象，当然主要是该地的仲裁机构或组织，但是，仲裁地所处的地理位置和社会环境无疑也是当事人考虑的重要因素。

中国《仲裁法》第6条、第8条分别确立了仲裁的自愿性与仲裁的独立性，从而为仲裁服务提供者之间的自由竞争提供了保障。《若干意见》进一步表明了“鼓励仲裁委员会之间开展良性竞争与合作”的态度。国际仲裁中心建设应坚持市场竞争原则，引入更加公平的竞争机制，让区域内的境内外仲裁法律服务机构按照市场规则开展良性竞争，促使各机构深耕专业，相互借鉴吸收先进做法和经验，提升仲裁服务能力和水平，为当事人更好地提供仲裁法律服务。

3. 全面协调原则

全面协调要求立足全局、统筹把握、协调推进，实现资源最优整合。建设区域性国际仲裁中心，应当坚持全面协调的原则，从立法、司法、仲裁机构建设诸方面入手，促进仲裁与诉讼、调解、行政复议等其他纠纷解决方式的共融共通和协调发展。同时，还要协调仲裁法律服务与其他相关服务行业的沟通与交流，增加仲裁法律服务的广度与深度，并通过仲裁化解行业纠纷与矛盾，促进行业发展，达到互助互利，共荣共通的多赢局面。

如前文所述，国际仲裁中心本质上是一个提供仲裁及相关法律服务的具有国际影响力的优质生态系统。既然是作为生态系统，那么区域性国际仲裁中心就不仅仅有作为提供仲裁服务的仲裁机构或者仲裁员的存在，同时也有与仲裁法律服务相关的多方主体的参与，相互协调，共同促进仲裁生态系统的繁荣。这里不仅包括国际仲裁中心所在地的立法机构为生态系统的发展提供适宜的仲裁法律制度环境，还需要所在地的司法机关为仲裁提供仲裁友好的司法审查环境，保障仲裁临时措施的实施与仲裁裁决的最终执行。例如，为了促进香港成为亚太及全球的争议解决中心，香港特区政府在新修订的2011年《仲裁条例》中取消了本地仲裁与国际仲裁的二元立法模式，统一以联合国贸法会《示范法》为立法基础。随后，香港紧跟国际仲裁发展趋势，在2013年和2017年分别对《仲裁条例》作进一步修订。在《仲裁条例（2013）》中引入紧急仲裁员制度，在《仲裁条例（2017）》中明确知识产权争议可以提交仲裁以及执行裁决中不会仅因该裁决系知识产权争议而有违公共政策，以扩大可仲裁性的范围。在司法方面，香港法院的司法独立保证了全球用户对香港仲裁的信心。香港高等法院原讼法庭中有专门主理仲裁的法官，通过判例释法，清晰而连贯地表达出司法对仲裁的支持。香港法院是少有的可以支持在仲裁地非香港本地的仲裁裁决中，仲裁庭作出的临时措施的司法机构。此外，香港专业、高效和国际化的律师事务所、调解机构、公证服务机构以及翻译机构也都为培育香港优质的国际仲裁生态系统贡献着自己的力量。

发展中国的区域性国际仲裁中心，打造优质仲裁服务生态系统同样离不开各方主体的努力。立法机构需要为国际仲裁提供适宜的法律制度框架，正如中国当前正在积极修改《仲裁法》。司法机关要通过支持与监督仲裁“双管齐下”，创造友好型的仲裁司法环境。2020年9月25日，中国最高人民法院发布《最高人民法院关于人民法院服务保障进一步扩大对外开放的指导意见》（以下简称

《指导意见》)。[①]《指导意见》中涉及仲裁的内容包括：第一，充分尊重并保障中外当事人依法选择纠纷解决方式的权利；第二，推动仲裁法修法进程；第三，完善国际商事纠纷多元化解决机制，在“一站式”国际商事纠纷多元化解决机制中适当引入域外知名商事仲裁机构，支持境外仲裁机构经登记备案后在特定区域内设立的业务机构；第四，采取积极措施，及时承认与执行外国仲裁裁决等。

此外，配套公共法律服务体系的完善也将助力区域性国际仲裁中心的建设。2021 年 12 月，司法部印发《全国公共法律服务体系建设规划（2021—2025 年)》(以下简称《规划》) 提出，到 2035 年基本形成与法治国家、法治政府、法治社会目标相适应的现代公共法律服务体系。其中，律师、公证、司法鉴定、仲裁、调解、基层法律服务等法律服务业健康快速发展，服务能力水平、服务质量和公信力显著提高。[②]

4. 共商共建共享原则

发展区域性国际仲裁中心应当坚持共商共建共享的原则，特别是要加强与国际仲裁组织及境外仲裁机构的交流合作，融入国际仲裁法律职业共同体，打造具有高度公信力和竞争力的国际仲裁品牌，参与国际治理，为国际商事仲裁理念和规则的发展贡献中国智慧。

现代商事仲裁制度发源于西方，经历了数百年的流变，在长期的国际仲裁实践中，国际仲裁共同体通过不懈努力已经在世界范围内就商事仲裁的一些重大问题达成共识。1958 年的《纽约公约》，1985

① 《关于人民法院服务保障进一步扩大对外开放的指导意见》，法发〔2020〕37 号，中华人民共和国最高人民法院，2020 年 9 月 25 日，http://www. court. gov. cn/zixun-xiangqing-259131. html。

② 中华人民共和国中央人民政府：《司法部关于印发〈全国公共法律服务体系规划（2021—2025 年)〉的通知》，2021 年 12 月 30 日，www. gov. cn/zhengce/zhengceku/2022 - 01/25/content_ 5670385. htm。

年联合国贸法会的《示范法》以及 1976 年《仲裁规则》等，都可以被视为是国际仲裁参与者共商共建的结晶，是国际仲裁领域的“公共品”，为成员国所共同享有。

中国的商事仲裁制度主要移植于西方国家，而西方的仲裁制度是建立在发达的市场经济基础之上的，其政治制度、意识形态、社会架构、社会保障制度等都与中国有所不同。中国特色商事仲裁特征之一就是既能积极吸收外国仲裁制度的先进理念和先进经验，[①] 又能有效地继承中国悠久历史积累下来的解决民间商事纠纷的优良传统。[②] 因此，在发展区域性国际仲裁中心时仍要坚持共商共建共享的原则。“共商”旨在听取多方声音、加强协商、深化交流、增强互信、达成共识，寻求共同发展；“共建”旨在凝聚多方力量，共同参与、合作共建，分享发展机遇；“共享”旨在主张共同分享发展成果，实现互惠互利的共赢局面，创立“以和为贵”的理念为指导思想的仲裁调解制度。

（二）中国区域性国际仲裁中心发展的支撑要素

对于影响国际仲裁中心发展以及国际当事人选择仲裁地的考量因素，国内外的相关研究提出了具有一定共性但不完全一致的答案。在吸收已有研究成果的基础上，课题组还就国际仲裁中心问题专门制作调查问卷，向国内仲裁机构工作人员、仲裁员、律师、法官、科研机构人员、企业法务、政府机关等人员定向发放。在获得 171 份有效问卷回复之后，本书提出中国建设区域性国际仲裁中心的十项支撑要素，包括：区位经济发展优势、仲裁法律制

① 沈四宝、沈健：《中国商事仲裁制度的特征与自主创新》，《法学》2010 年第 12 期。

② 顾昂然：《关于〈中华人民共和国仲裁法（草案）的说明〉》，载顾昂然《立法札记》，法律出版社 2006 年版，第 497 页。

度成熟程度、政府对仲裁的政策支持、法院系统对仲裁的司法保障、仲裁机构的运作效度、仲裁规则的效用、仲裁员的专业能力、市场主体的仲裁法律意识、区域法律服务体系的健全程度及仲裁研究与人才培养情况。[①]

除了上述十个要素，仲裁机构的独立性、公益性和非营利性，仲裁机构办理涉外案件的数量和效果，外籍或外地仲裁员的数量和专业化程度等都可能被视为是国际仲裁中心建设的重要内容，但考虑此类因素与归纳出的十项支撑要素有相同或相近之处，可以合并处理，不再赘述。

1. 区位经济发展优势

市场经济活动的繁荣会带来市场主体之间商事纠纷解决需求的增长，为商事仲裁的生根发芽提供土壤，使经济发展优势转化为发展区域性国际仲裁中心的支撑要素。就世界范围来看，区域性国际仲裁中心所在地方都是国际经济贸易发达的中心城市，大多拥有国际著名的仲裁机构，而且发达的国际仲裁纠纷解决服务也在反哺城市经济的繁荣。[②]

英国伦敦和中国香港的国际仲裁中心的成长是最典型的经济驱动模式。伦敦自第二次工业革命后成为世界上最重要的经济中心之一，同时它也是世界上最重要的金融中心之一。金融业是伦敦最重要的经济支柱，大约半数以上的英国百强公司和百余所欧洲500强企业均在伦敦设有总部；银行数量居世界之首，其中外国银行有470余家。伦敦是世界上最大的国际外汇市场，全球大约45%的货币业务在伦敦

---

① 参见李铭锐《致力提升香港作为国际仲裁中心的地位——专访香港国际仲裁中心联合主席袁国强资深大律师》，《中国法律》2020年第5期；梅傲《仲裁机构地域性困局究因》，《河北法学》2020年第9期；向阳《最受欢迎国际商事仲裁地之析》，《北京仲裁》2009年第3辑。

② 向阳：《最受欢迎国际商事仲裁地之析》，《北京仲裁》2009年第3辑。

交易；伦敦是最大的美元交易市场，占全世界美元成交额的 1/3 以上；伦敦是世界最大的国际保险中心，共有保险公司 800 多家，其中 170 多家是外国保险公司的分支机构。HKIAC 所在的城市中国香港是国际金融、航运和贸易中心。2019 年 9 月发布的第 26 期全球金融中心指数（Global Financial Centre Index）中，香港位居第三名，仅次于纽约和伦敦。截至 2019 年，香港已连续 25 年获评全球最自由经济体。香港是全球主要的银行中心之一，2019 年年底香港金融管理局认可的银行业机构共 194 家，银行体系认可机构资产总额高达 24.5 万亿港元；香港股市在全球具有重大影响力，其 IPO 集资额排名全球首位；香港是全球规模最大的离岸人民币业务枢纽、融资及资产管理中心，2019 年经香港银行处理的人民币贸易结算总额为 5.4 万亿元。

其他几个区域性国际仲裁中心所在城市的经济活动也较为发达，汇聚了不同文化背景和商业习惯的市场主体从事交易活动，从而为当地发展商事仲裁提供了本地与国际资源。例如，ICC 仲裁院所在城市法国巴黎，是西欧的政治、经济和文化中心，也是法国最大的工商业城市，还聚集了法国众多大型集团公司和金融、保险机构。SIAC 所在城市新加坡，是亚洲金融、服务业、航运中心城市，是全球第四大国际金融中心，还是世界最佳国际会议城市，拥有最佳商业环境、最好的知识产权保护体系及世界最佳空港。

仲裁作为一种通行的国际商事纠纷解决机制，以其当事人意思自治、快捷、高效、域外可执行等独特优势，维护各方合法权益，公平、公正解决纠纷，得到国际社会的公认和当事人的认可。因此，经济发展环境优越的城市就具有成为区域性国际仲裁中心的先天优势，它能够吸引仲裁人才，汇聚仲裁资源，促进仲裁业高速发展。与此同时，区域性国际仲裁中心的发展也会进一步改善城市的贸易投资软环境，维护当地的市场秩序，促进市场信用体系的完善，营造一个更加公平透明、可预期的营商环境，促进中心所在城市的区域经济繁荣。

2. 仲裁法律制度成熟程度

成熟的仲裁法律制度是可以不断根据形势变化而与时俱进的仲裁立法。当下，根据世界各国的仲裁立法情况，可以大致区分为“示范法国家”和“非示范法国家”两大类别。前者是指该国的仲裁立法基本以1985年联合国贸法会《示范法》（2006年修订）为范本来制定本国仲裁法律；后者是指该国的仲裁立法没有以《示范法》为蓝本，而是具有本国立法的显著特点。是否以《示范法》为范本制定国家的仲裁法律不是衡量区域性国际仲裁中心法律制度成熟与否的标准，因为非示范法国家的仲裁立法也可以具有相当的先进性与市场认可度，例如英国与法国均为非示范法国家，但其仲裁法律制度同样可以视为成熟的仲裁法律制度。当然，作为示范法国家的仲裁立法因其遵循国际通行的仲裁法律原则且《示范法》本身具有广泛的认可度，因此该国的仲裁法律制度已经具备相当的国际化程度。此外，衡量一个国家仲裁法律制度是否成熟的更重要标志是，该国仲裁立法是否能够随着市场发展的需要不断地自我更新与迭代。

英国是世界上仲裁立法最早的国家，曾对国际商事仲裁起过重要的作用。1996年英国《仲裁法》经历重大修订，与传统仲裁法相比进行了重大改革，例如极大地减弱了法院对仲裁的干预以及将更换仲裁员的权力由法院交还给双方当事人，极大地促进了当事人意思自治的落实。① 该法赋予仲裁员的权力甚至包括一些过去专属于法院的权力，如仲裁员可以审理并决定案件的管辖权（Arbitrator's Jurisdiction）、有权决定案件的司法仲裁性问题、对争议的标的进行保全、复验等，仲裁员甚至可以发布临时命令（Interlocutory Orders）来

---

① 参见蔡鸿达《英国仲裁法述评》，《法学杂志》1997年第3期；杨良宜、莫世杰、杨大明《仲裁法：从1996年英国仲裁法到国际商务仲裁》，法律出版社2006年版，第174—175页。

解决仲裁过程中发生的问题。而且，除非协议中有相反的意思表示或经由高等法院法官允可，根据仲裁协议任命的仲裁员或公断人的权力不可撤销（Irrevocable Appointment）。①

同样，作为非示范法国家的法国，其仲裁立法自20世纪80年代进行重大变革以来，一直在世界范围内处于领先地位，被认为是最具影响力的仲裁法律之一。1980年5月14日，法国政府颁布了第80—354号法令，更新其国内仲裁立法；1981年5月12日又颁布第81—500号法令，涉及与国际仲裁相关的法律规定。这两个法令共同构成《法国仲裁法（1980—1981）》，为法国仲裁制度的全面革新奠定了基础，从而使法国仲裁走在了时代前列。2011年，法国政府再度全面修订仲裁法，以期保持仲裁法律制度的领先地位。②

在示范法国家中，1994年新加坡《国际仲裁法》以《示范法》为蓝本。在立法过程中，新加坡对《示范法》进行了有关修改。在法律解释方面，《示范法》准备文件可用于解释新加坡仲裁法律。类似于中国香港昔日“双轨制”的实践，新加坡法律同样允许国内案件当事人选择适用新加坡《国际仲裁法》。在仲裁协议方面，新加坡法律基本照搬了《示范法》文本，仅增加了由“提单”指向仲裁协议。③

由此可见，成熟的仲裁法律制度未必一定以《示范法》为蓝本，但是如果可以在本国仲裁立法中吸纳《示范法》蕴含的国际仲裁法律制度，必将有利于快速提升该国仲裁立法的国际化接轨程度。《示范法》自1985年诞生以来，已成为国际商事仲裁领域影响深远的仲裁法律范本。《示范法》自身既非国际公约，亦非主权国家立法，但

---

① 刘俊、陈原斌：《中英两国仲裁法仲裁员制度之比较研究》，《江西社会科学》2003年第8期。

② 傅攀峰：《法国仲裁制度的发展历程——从文艺复兴时期谈起》，《北京仲裁》2018年第2期。

③ 王徽：《〈国际商事仲裁示范法〉的创设、影响及启示》，《武大国际法评论》2019年第3期。

却能够极大地影响国际商事仲裁制度，原因有二：一是采纳《示范法》法域遍布世界各地，包括享誉全球的国际仲裁地；二是许多国家和地区在充分意识到仲裁对经济发展具有助力作用的基础上，纷纷以《示范法》为基础开展了仲裁制度的升级，并将借鉴《示范法》完善仲裁制度视为迈向国际化的重要标志。[①]

3. 政府对仲裁的政策支持

政府通过政策性措施为仲裁营造优良的政务环境，是区域性国际仲裁中心建设的基础性条件。例如，为仲裁机构与仲裁员收入提供税收优惠，为仲裁机构提供良好的办公场所或者租金方面的支持，为仲裁员参与国际仲裁时提供出入境手续以及境内工作许可便利等皆为有效的政府支持方式。

政府为区域性国际仲裁中心提供支持性政策的动因主要在于：首先，仲裁是全球通用的争议解决方式，政府发展国际中心所在城市的仲裁业务有利于提高自身的国际营商环境，增加相关城市乃至整个国家的国际公信力与影响力。通常而言，区域性国际仲裁中心城市所在国政府为了发展本地国际仲裁，往往倾向于采取中立性的政治立场，使政治之外的商贸往来能够正常开展，这样容易获得各国商事主体的广泛接受，也有利于凝聚仲裁职业共同体的共识。其次，政府支持区域性国际仲裁中心有利于带动相关城市的服务行业，如律师业、翻译服务、公证服务以及酒店、交通等。最后，政府可以通过区域性国际仲裁中心的平台优势和国际影响力在政策倡导中发出自己的声音，配合自身的国家发展战略。

政府支持仲裁的具体措施主要有以下四项：一是大力发展经济，提高区域经济市场化、国际化程度，营造良好的营商环境，并往往将

---

① 王徽：《〈国际商事仲裁示范法〉的创设、影响及启示》，《武大国际法评论》2019年第3期。

仲裁纳入营商环境的评估指标。如新加坡之成功有赖于诸多因素，包括其领导者的智慧，善于利用法律规则和法律系统建立一个新型社会并以此增强新加坡的经济活力，以及确保自身法律系统与国际社会之需求相吻合。[①] 二是实行政府支持但不干预政策。国外知名仲裁机构大多以商会附属或公司形式存在，其性质定位为非营利的民间独立机构，其宗旨是致力于为争议解决提供专业服务，在设立初期多会得到政府或社会团体的支持，但其独立性不受影响。三是政府联合行业协会，吸引不同仲裁机构入驻形成聚集效应，协调法律服务业共同参与，做大做强仲裁职业共同体，甚至由政府提供资费优惠、交通便利、设施现代的办公场所，如香港特别行政区政府提供给 HKIAC 的场所只收取象征性的 1 港元。四是在全球范围内吸纳人才，对知名仲裁员、律师和行业经贸人才给予税收减免和工作、移民、签证便利。五是鼓励具有专业背景和行业经验的知名人士通过选举担任机构管理层，并由仲裁机构对其直接进行聘任，仲裁机构人事财务完全独立自主等。

4. 法院系统对仲裁的司法保障

司法保障是支撑区域性国际仲裁中心的一个重要因素。仲裁需要司法的保障与支持才能够正常运作，司法保障与支持仲裁的主要方式是促进和协助完成仲裁程序，依法执行仲裁裁决以及施行必要的监督。法院对仲裁的监督仅限于技术性原因、仲裁权问题或者违反程序正义的事项，除涉及公共利益外，不对案件的实体处理进行审查。法院的支持和适度监督往往被统称为司法监督。[②]

从国内层面来看，国际知名仲裁中心所在地法院的仲裁监督都已

---

① 王江雨：《“威权”体制下的“司法独立”——新加坡司法体制对中国的启示》，《中国法律评论》2014 年第 1 期。

② 赵健：《国际商事仲裁的司法监督》，法律出版社 2000 年版，第 1—2 页。

从在裁决实体内容上进行监督以维护法律的统一性和公正性，转向在仲裁程序上保证仲裁的公平进行；从全面的干预转向对重点原则的监督。[①] 以英国为例，“1996 年的《仲裁法》确立了对仲裁实施包容、宽松的司法监督机制，而这种机制被前任首席大法官托马斯勋爵概括为‘最大支持，最小干涉’（Maximum Support, Minimum Interference）原则”[②]。新加坡法院通常由特定法院依据较为明确的司法审查程序及标准集中负责仲裁司法审查工作，以保证审查的公正、高效和尺度的统一。香港法院则积极探索由法院和仲裁机构共同行使作出仲裁保全和临时措施的权力。国际知名仲裁中心所在地的法院通常旗帜鲜明地采取鼓励和支持仲裁庭的立场。

在国际层面，知名国际仲裁中心所在国都是 1958 年《纽约公约》的成员国，成为执行公约的良好典范。与跨国诉讼相比，国际仲裁真正无可争议的优势在于仲裁裁决根据《纽约公约》在几乎全球范围内的可执行性，这对于商事主体而言具有极大吸引力。如果花费了当事人大量金钱与时间而取得的一份胜诉裁决书得不到执行，那么就等同于一张白纸。尤其是在一裁终局制度之下，仲裁裁决一经作出便对当事人之间的实体权利义务关系作出了终局的认定，当事人寻求法律救济的权利与途径相对受到局限。[③] 作为一项国际公约，《纽约公约》促进了国际商事争议的有效解决，是执行情况最好的国际公约之一，堪称国际公约的典范。[④] 公约因其自身的开放性、前瞻性而赢得了世界绝大多数国家的认可和高度评价，而且公约蕴含的理念对各国的国内仲裁立法、国际仲裁立法以及承认及执行外国仲裁裁决的理论和司法实践均产生了重要影响。例如，对于“国内仲裁裁决”的司法审查和“具有涉外因素的仲

① 王金兰：《国际商事仲裁司法监督研究》，《河北法学》2004 年第 7 期。

② ［英］格罗斯勋爵：《英国的法院和仲裁》，王文君译，《北京仲裁》2019 年第 2 辑。

③ 也有少数例外情形，如英国谷物及饲料贸易协会（GAFTA）125 号仲裁规则规定，当事人在一审仲裁庭作出裁决后可以提起上诉。

④ 万鄂湘：《〈纽约公约〉在中国的司法实践》，《法律适用》2009 年第 3 期。

裁裁决”，我国法院就采取了不同的法律标准与审查程序规则，形成了仲裁司法审查的“双轨制”。对于涉外仲裁裁决的司法审查，不论从立法还是司法角度来看，都基本与《纽约公约》的审查原则和规定保持一致，尤其是不存在对国内仲裁裁决的撤销与不予执行的双重审查机制。

5. 仲裁机构的运作效度

对区域性国际仲裁中心发展起到引擎作用的是公正、独立和国际化的仲裁机构。仲裁机构的运作效度决定了区域性国际仲裁中心是否能够获得当事人的信任，将纠纷解决交由仲裁机构来管理。在域外知名区域性国际仲裁中心运作的仲裁机构基本属于民间性自治机构，不受政府干预，保持了较好的独立性。同时，这些国际仲裁机构又与商会、行业协会、国际组织保持密切联系，其目的不仅是开拓案源，更是在为商事主体提供防范风险、化解纠纷的基础上保障了社会经济生活的稳定有序开展。

从知名区域性国际仲裁中心的仲裁机构决策运行来看，仲裁机构决策层成员大多会以公开方式遴选出来，以加强科学决策与管理。遴选专业人士担任仲裁委员会决策层的组成人员，进一步发挥仲裁委员会的决策作用，将具有较高专业水平和丰富仲裁实践经验、高超团队管理和跨文化沟通能力，具有较高业内声望的人士推荐到仲裁机构决策层，让专业的人做专业的事。在内部管理方面，这些国际仲裁机构根据案件管理设置相应的专业委员会，按照市场化方式选聘了职业化、专业化、国际化的工作人员和案件管理秘书。例如，ICC 仲裁院共有 11 个案件管理团队，50 余名案件管理人员，分别来自 30 多个不同国家，熟练掌握全球 30 多种语言。[①]

① 范铭超：《国际商会仲裁院之国际成长》，中国社会科学院国际法研究所“区域仲裁中心建设研讨会”分享材料，2020 年 9 月 30 日。

中国仲裁机构的运行体制机制与知名国际仲裁机构存在显著差距。在体制上，绝大多数仲裁机构都属于事业单位，因此在机构运行方面缺乏市场化的激励机制，在一定程度上仍然受政府管理，这样就需要在体制上进一步脱离现有行政管理体制；在决策层面引入更多仲裁专业人士进行决策，而不是政府机构的官员；在内部管理方面要让仲裁机构获得更大的自主权，可以根据工作需要设置相应的管理岗位，按照市场化方式选聘专业的工作人员与仲裁秘书。此外，还要积极推进仲裁收费制度及薪酬制度改革，提高仲裁员酬金并给予仲裁员酬金纳税的优惠政策，吸引国内外优秀仲裁员对仲裁事业投入更多的精力，促进仲裁员队伍职业化和专业化；通过设立仲裁发展基金，保障仲裁机构可持续发展；加强仲裁机构的基础设施和平台建设，进一步提升服务功能，打造一流办案场所和设施，提高仲裁参与方仲裁体验感；利用云计算、大数据、区块链等现代信息技术开发与完善仲裁案件信息管理系统，不断提升仲裁服务质量和效率。

6. 仲裁规则的效用

仲裁规则是仲裁程序运行的指引和依据，可以说仲裁规则是除仲裁法之外最重要的程序性规范。仲裁规则不仅反映仲裁机构对待当事人意思自治的态度、仲裁流程设计的科学性，还能表现出其国际化程度和开放程度。仲裁规则是否先进和完备也是市场主体选择仲裁机构的一个重要考量因素。除了仲裁规则，国际知名仲裁中心大都还有以指南、导引等为名的其他辅助性规则，与仲裁规则共同构成运作良好的规则体系。

国际知名仲裁中心都致力于完善并创新仲裁规则，以适应现代国际经贸发展需求，主要包括完善快速、简易仲裁程序，优化立案、庭审、调解、裁决、送达等具体程序，设立紧急仲裁员制度，认可第三方资助以及“仲裁—调解—仲裁”的协调机制等。例如，ICC 仲裁院于 2017 年引进了快速程序条款（EPP），2019 年又引进了“三个月时限要求（独任仲裁员为两个月）”，以进一步提高效率。为了保持仲裁规则能够适应变化的社会经济环境以及更好地服务于当事人，ICC 仲裁院不断地修改完善其规则。2020 年 12 月 2 日，ICC 仲裁院发布新版《仲裁规则》。[①] 目前，各知名仲裁机构均在尝试创新投资仲裁规则、知识产权仲裁规则等专业特色仲裁规则，ICC 仲裁院在 2019 年开始推进通过仲裁和 ADR 解决与气候变化有关的争议。为规范互联网仲裁发展，各知名仲裁机构也开始创建互联网仲裁规则，提升仲裁服务质效，实现跨越式发展。

为了更好地满足网络时代要求，以及为减少新冠肺炎疫情对国际仲裁开庭服务的负面影响，在 2020 年 5 月，HKIAC 发布《在线庭审指南(2020)》，旨在为 HKIAC 以及非 HKIAC 的国际诉讼提供网上开庭咨询服务。HKIAC 提供的网上庭审业务包含：第一，庭审管理业务（由 HKIAC 的 IT 专业技术全程控制网上庭审并且增加网上庭审室的应用）；第二，视讯开会，包含一个 IP 位置的视讯开会，最多可支援八个各种位置接入并且采用云业务的视讯开会，兼容现有主流视讯开会网络平台(Zoom、Webex、Microsoft Teams)；第三，电子卷宗业务；第四，重要证明的数据化呈现；第五，笔录咨询服务；第六，翻译服务；第七，在开庭之前，就网上开庭情况进行全方位的建议、询问和技能测试。2020 年之前，在 HKIAC 已举行共 66 场庭审，其中 35 场（53%）部分或全面实行了网上开庭；5 场（8%）使用了整个网络庭审（HKIAC 提供网络庭审管理服务）。[②]

7. 仲裁员的专业能力

仲裁员是整个仲裁程序推进和裁判的核心。“有什么样的仲裁员就

---

① 《仲裁前沿丨ICC 发布 2021 年版仲裁规则》，搜狐，2021 年 3 月 10 日，https://www.sohu.com/a/444487361_120677543。

② 李铭锐：《致力提升香港作为国际仲裁中心的地位——专访香港国际仲裁中心联合主席袁国强资深大律师》，《中国法律》2020 年第 5 期。

有什么样的仲裁”[①]。仲裁员的专业能力是区域性国际仲裁中心的核心竞争力之一。鉴于跨境商事活动的复杂性以及某些行业的高度专业化特点，仲裁员必须具有良好的专业素养，以确保纠纷得到公平合理的解决。仲裁员的专业知识水平既包含对某领域专业的了解和对有关法律规定的熟悉，又包含处理争议的方法与水平。[②] 当然，为提高仲裁员的专业素质，需要有具有吸引力的仲裁员酬金制度。[③] 全球著名的仲裁机构均在持续地创新国际仲裁员招聘渠道，以逐渐形成分类别、满足多元化需要的国际仲裁员团队；拓展仲裁员选聘途径，以提高国外仲裁员的招聘比率；支持在国际机构、商会和律师等专业人士中招聘仲裁员；积极聘请了解国际仲裁规范、善于解决国际经济交易事项的中国境内外人士作为仲裁员。此外，国际知名仲裁机构还会及时开展仲裁业务交流与培训，增强仲裁员处理新型争议的能力；强化仲裁员监督考评，建立科学绩效评估系统，采取更为合理的鼓励举措；完善仲裁员的诚信管理体系建设；建立仲裁员诚信记录制度和严重失信行为的惩罚机制等。一些国际仲裁机构，如LCIA，虽没有仲裁员名单，却有一个可以给当事方提供备选参考的信息库，可以提供仲裁员的有关个人信息，如语言能力和法律/行业经验。[④]

8. 市场主体的仲裁法律意识

建设区域性国际仲裁中心离不开市场主体整体较强的仲裁法律意识。知名仲裁中心的经验表明，必须大力宣传推介仲裁法律制度，提升市场主体的仲裁法律意识。香港这方面的工作十分出色。如由香港律政司主办，香港贸易发展局、香港律师会、香港大律师公会、HKIAC、国

---

① Nigel Blackaby, Constantine Partasides, et al., “Redfern and Hunter on International Arbitration”, *Netherlands: Kluwer Law International*, 2015, p. 22；张心泉、张圣翠：《论我国临时仲裁制度的构建》，《华东政法大学学报》2010年第4期。

② 邓瑞平等：《国际商事仲裁法学》，法律出版社2010年版，第229页。

③ 康明：《临时仲裁及其在我国的现状和发展前景》，《国际商法论丛》2001年第3卷。

④ LCIA, https://www.lcia.org/Frequently_Asked_Questions.aspx.

际商会国际仲裁院亚洲事务办公室协办的论坛活动，自2010年开始已相继在上海、广州、青岛、南京举办了五届，向内地公司及其他业务服务使用者推广国际法律及争议解决服务，其中的重头戏就是推行香港仲裁服务。律政司司长甚至特首亲自出席参与仲裁宣传活动，收到了很好的效果。[①] 就中国的情况来看，有相当数量的政府相关部门及市场主体仲裁意识不足，消减了仲裁处理各类社会纠纷的优势，阻碍了仲裁的推广与发展。社会整体仲裁意识有待加强，需要充分利用网络、公益广告等传媒方式面向社会普及仲裁法律知识，与商会协会等社会团体携手合作举办演讲、公益宣传、社区培训等，建立仲裁图书馆、出版仲裁刊物，拓宽仲裁知识传播的广度和深度，提高市场主体对仲裁的认知度和认可度。

除了宣传推广，更应鼓励和引导市场主体广泛参与仲裁解决纠纷实践，提高市场主体运用仲裁方式解决纠纷的能力和水平。仲裁充分尊重当事人意思自治，具有制度优势和专家办案优势。市场主体通过仲裁解决纠纷，能够熟知仲裁理论知识，学会运用仲裁法律制度维护自身合法权益，养成运用仲裁解决纠纷的习惯，极大获得仲裁体验感。

9. 区域法律服务体系的健全程度

国际知名仲裁机构所在地的区域法律服务体系健全程度通常较高，具体体现为其他法律服务组织数量多、整体上业务能力强。以香港为例，拥有非常强大的为包括仲裁在内的法律服务提供翻译的公司，可以提供中文（包括普通话、粤语）、英语、法语、西班牙语等高质量的语言与文字翻译，并提供高质量的速记服务。除了律师与仲裁员，跟仲裁

① 赵大程：《在上海“香港法律服务论坛”开幕式上的致辞》，《中国法律》2010年第8期；《香港将在广州举办第二届法律服务论坛》，人民网港澳频道，2012年9月11日，http://hm.people.com.cn/n/2012/0911/c230533-18977136.html；《首届香港法律服务论坛在青举办，李群会见袁国强一行》，《青岛日报》2014年9月17日第1版；《第四届香港法律服务论坛在南京举行》，海外网，2016年11月17日，http://m.haiwainet.cn/middle/3541841/2016/1117/content_30503409_2.html。

有关的其他产业在香港也非常发达。新加坡的麦士威中心提供的服务非常全面，伦敦的法律服务甚至产生了巨大的经济收益。[①] “英格兰和威尔士的商事仲裁业发达，其中一个重要的原因是开放的仲裁法律服务。”[②] 再例如，伦敦与仲裁直接相关的商业协会就有英国海事仲裁员协会、英国皇家仲裁员协会，跟仲裁不直接相关的行业协会则有利物浦棉花协会、粮油谷物协会、化学工程师协会、咨询工程师协会、建筑技师协会、皇家建筑协会、建筑业协会、皇家测量师协会、大英建筑师协会、租赁出租人协会、金融和租赁协会、大英海事联合会、大英连锁业协会等几十家。

高度发达的法律服务体系下，需要仲裁机构在区域性国际仲裁中心设立分支机构开展相关仲裁业务，吸引精于仲裁业务的律师事务所和咨询机构、青睐仲裁解决纠纷的商协会入驻区域性国际仲裁中心，形成仲裁资源聚集区。要加强资源统筹，就需要争议解决机构与律师、公证、司法鉴定、法律查明等法律服务机构建立健全相关工作衔接机制，打造高水平国际商事法律服务区；需要加大对纳入区域性国际仲裁中心建设的相关法律服务行业的改革创新力度，提升相关法律服务行业水平；需要进一步对接中外法律服务机构，为中外商事主体在跨境贸易投资、专家辅助谈判、投资背景调查、法律风险预防和域外法查明等方面提供综合性国际商事法律服务。

10. 仲裁研究与人才培养情况

从区域性国际仲裁中心的长远发展来看，仲裁研究与人才培养不可或缺。知名仲裁机构往往非常注重与大学及科研机构加强合作，加强仲裁领域人才培养。以瑞士日内瓦为例，日内瓦大学法学院著名的国际争

---

① ［英］格罗斯勋爵：《英国的法院和仲裁》，王文君译，《北京仲裁》2019 年第 2 辑。

② 刘克江：《英格兰和威尔士的国际商事仲裁制度及启示——全国律协“涉外律师领军人才”赴英国培训感悟》，《中国律师》2017 年第 4 期。

端解决硕士项目每年吸引大量有志于投入国际仲裁事业的青年学生、律师以及政府机构工作人员，为国际仲裁输送了人才，同时也提高了瑞士国际仲裁的知名度。此外，瑞士的仲裁学者和仲裁律师还组建了瑞士仲裁学院（Swiss Arbitration Academy，SAA）提供仲裁实务培训，并与大学合作提供仲裁高级证书。[①] 总部设在日内瓦的国际仲裁辩护基金会（Foundation for Interational Arbitration Advocacy，FIAA）也致力于提供专门针对国际仲裁的辩护培训。通过一系列不同的边做边学项目和研讨会，FIAA 为国际仲裁从业人员提供证人询问、交叉询问、口头辩论和书面辩护方面的技能培训。[②]

在宣传推广和人才培养方面，HKIAC 成立了公益组织 HK45，旨在为 45 岁以下对仲裁领域感兴趣的专业人士提供一个交流、学习、共同成长的平台。同时，也为推广仲裁、强化香港及其他地区的仲裁业献出一份力。[③] 2018 年 2 月，HKIAC 发起设立仲裁女性俱乐部（Women in Arbitration，WIA），WIA 致力于促进女性在国际仲裁及国内相关业务领域的成功。[④] 2020 年春季、2020 年秋季以及 2021 年春季，HKIAC 分别联合上海财经大学法学院、武汉大学法学院及武汉大学国际法研究所、复旦大学法学院开办《国际仲裁公开课》，每一期课程都迎来全球各地数千名学生的参与。[⑤]

国际知名仲裁机构都非常重视开展国际商事争端解决领域的法律问题研究，通过出版学术刊物特别是编纂案例集和年鉴，将研究成果公之于众，以传播仲裁知识、培育仲裁精神。在国际仲裁中心常常举

① Swiss Arbitration Academy，https://www. cas-arbitration. org/.

② Foundation for International Arbitration Advocacy，http://www. fiaa. com/.

③ 《港仲 HK45 国际仲裁与中国青年实务人才成长训练营》，HKIAC，2021 年 7 月 13 日，https://mp. weixin. qq. com/s/i0zkELaycBIr X3661rQAdQ。

④ 《回顾 2020 | 关键词：Women In Arbitration》，HKIAC，2021 年 7 月 13 日，https://mp. weixin. qq. com/s/Rh9gT0kB5K3VYqk-QONbUQ。

⑤ 《成为更受欢迎的仲裁地：中国仲裁一年发展回顾》，法制网，2021 年 7 月 13 日，http://www. legaldaily. com. cn/Arbitration/content/2021-07/01/content_ 8542242. htm。

办定期或不定期的高端国际商事交流研讨活动，搭建仲裁专业人士之间的合作交流平台，同时也成为仲裁机构的盛会。

（三）中国区域性国际仲裁中心支撑要素的权重

权重是在综合评估活动中对被评估客体的各个侧面的比较重要性水平的量化划分，对各影响因素在综合评估中产生的影响程度予以区别对待。权重又不同于简单的比例，权重所反映的并不仅仅是某一因素或指标所占的比例，更强调的是因素或指标之间的比较重要性水平，更偏向于整体贡献度的比较重要性。权重可以通过分析多种层次指标加以确定和计量，比较常见的方式有层级分析法、模糊法、模糊层次分析法，以及专家评估的德尔菲法等。通过上一节分析出影响中国区域性国际仲裁中心发展的十大支撑要素，为了更合理地确定十大要素在区域性国际仲裁中心建设中的权重，采用德尔菲法和以问卷调查为基础的数据建模两种方式评估区域性国际仲裁中心支撑要素的权重，并进行相互验证分析。

1. 德尔菲法

经综合比较分析，课题组首先选择德尔菲法，即通过匿名方式征询仲裁专家的意见进行权重的计算。课题组将仲裁中心建设的十大要素总分值确定为 100 分，通过换算分值确定各要素之间的权重。打分项高的要素在仲裁中心建设中的权重分越高，作用越重要，权重分低的要素，作用相对较弱。

第一次的专家打分邀请了国内外仲裁机构的代表、律师、学者、仲裁员等八位专家对仲裁中心的十大要素进行了打分，见表 3 -1。

表 3 －1　　第一次专家打分

要素	专家一	专家二	专家三	专家四	专家五	专家六	专家七	专家八	权重分值
1	8	10	10	10	10	5	8	5	0.0877
2	13	30	8	5	30	20	12	15	0.1766
3	7	0	8	10	5	5	15	10	0.0797
4	12	0	8	10	30	20	20	15	0.1527
5	13	5	6	20	5	15	20	10	0.1248
6	12	5	6	5	4	10	10	8	0.0797
7	13	10	4	20	4	10	5	18	0.1116
8	8	25	4	5	1	5	5	6	0.0784
9	7	5	8	10	0	5	3	5	0.0571
10	7	5	6	5	1	5	2	8	0.0518
总分	100	95	68	100	90	100	100	100	1

注：要素 1 为区位经济发展优势，其权重是 8.77%；要素 2 为仲裁法律制度成熟程度，其权重是 17.66%；要素 3 为政府对仲裁的政策支持，其权重是 7.97%；要素 4 为法院系统对仲裁的司法保障，其权重是 15.27%；要素 5 为仲裁机构的运作效度，其权重是 12.48%；要素 6 为仲裁规则的效用，其权重是 7.97%；要素 7 为仲裁员的专业能力，其权重是 11.16%；要素 8 为市场主体的仲裁法律意识，其权重是 7.84%；要素 9 为区域法律服务体系的健全程度，其权重是 5.71%；要素 10 为仲裁研究与人才培养情况，其权重是 5.18%。W1 = ［8.77 17.66 7.97 15.27 12.48 7.97 11.16 7.84 5.71 5.18］/100；专家打分不满 100 分的，采用比例换算方式折算到 100 分。

首次获得专家打分后，第二次专家打分扩大专家范围，选择十二位专家对仲裁中心十大要素进行第二轮打分，见表 3 －2。

表 3 －2　　第二次专家打分

要素	专家九	专家十	专家十一	专家十二	专家十三	专家十四	专家十五	专家十六	专家十七	专家十八	专家十九	专家二十	权重分值
1	9	10	8	10	5	10	20	9	3	10	5	8	0.0938
2	10	9	10	5	5	10	2	7	10	16	5	18	0.0933

续表

要素	专家九	专家十	专家十一	专家十二	专家十三	专家十四	专家十五	专家十六	专家十七	专家十八	专家十九	专家二十	权重分值
3	11	9	10	5	10	10	3	8	6	13	5	8	0.0861
4	10	10	6	10	20	5	15	8	5	15	5	12	0.1049
5	12	8	10	10	10	20	15	8	30	9	20	12	0.1406
6	8	8	10	10	5	5	5	9	10	10	10	12	0.0895
7	12	10	10	15	30	20	15	9	20	12	20	12	0.1588
8	12	10	8	15	10	10	20	8	10	5	20	8	0.1176
9	8	5	6	12	3	5	3	6	3	5	5	4	0.0571
10	8	5	8	8	2	5	2	7	5	5	5	6	0.0583
总分	100	84	86	100	100	100	100	79	102	100	100	100	1

注：要素1为区位经济发展优势，其权重是9.38%；要素2为仲裁法律制度成熟程度，其权重是9.33%；要素3为政府对仲裁的政策支持，其权重是8.61%；要素4为法院系统对仲裁的司法保障，其权重是10.49%；要素5为仲裁机构的运作效度，其权重是14.06%；要素6为仲裁规则的效用，其权重是8.95%；要素7为仲裁员的专业能力，其权重是15.88%；要素8为市场主体的仲裁法律意识，其权重是11.76%；要素9为区域法律服务体系的健全程度，其权重是5.71%；要素10为仲裁研究与人才培养情况，其权重是5.83%。W2 = [9.38 9.33 8.61 10.49 14.06 8.95 15.88 11.76 5.71 5.83] /100；专家打分不满100分或超过100分的，采用比例换算方式折算到100分。

在前两次二十名专家打分的基础上，第三次专家打分在告知所有专家每一轮权重分析的结果后，再由专家进行权重打分，见下表3-3。

表3-3　　第三次专家打分

要素	专家一	专家二	专家三	专家四	专家五	专家六	专家七	专家八	专家九	专家十	专家十一	专家十二	专家十三	专家十四	专家十五	专家十六	专家十七	专家十八	专家十九	专家二十	权重分值
1	13	8	10	12	6	10	15	11	8	8	7	20	8	12	11	12	5	10	5	8	0.0995
2	15	11	14	15	15	30	15	10	10	12	12	5	15	6	13	8	10	12	10	15	0.1265

续表

要素	专家一	专家二	专家三	专家四	专家五	专家六	专家七	专家八	专家九	专家十	专家十一	专家十二	专家十三	专家十四	专家十五	专家十六	专家十七	专家十八	专家十九	专家二十	权重分值
3	13	7	9	13	10	5	10	11	10	10	12	5	5	12	9	5	10	13	10	8	0. 0935
4	15	13	12	14	15	30	15	11	12	10	13	5	15	5	8	12	5	13	10	12	0. 1225
5	14	14	11	10	10	5	8	12	14	13	12	10	12	30	11	13	20	10	15	13	0. 1285
6	5	10	7	9	12	5	8	10	10	9	12	10	10	3	10	12	5	8	10	10	0. 0875
7	10	14	15	8	15	10	8	10	12	12	10	10	15	9	14	14	20	12	15	14	0. 1235
8	5	13	10	8	10	2	8	10	10	10	7	10	8	12	9	12	15	10	15	9	0. 0965
9	5	5	6	5	3	2	7	7	8	7	7	20	6	8	8	9	5	6	5	5	0. 0670
10	5	5	6	6	4	1	6	8	6	9	8	5	6	3	7	3	5	6	5	6	0. 0550
总分	100	100	100	100	100	100	100	100	100	100	100	100	100	100	100	100	100	100	100	100	1

注：要素 1 为区位经济发展优势，其权重是 9. 95%；要素 2 为仲裁法律制度成熟程度，其权重是 12. 65%；要素 3 为政府对仲裁的政策支持，其权重是 9. 35%；要素 4 为法院系统对仲裁的司法保障，其权重是 12. 25%；要素 5 为仲裁机构的运作效度，其权重是 12. 85%；要素 6 为仲裁规则的效用，其权重是 8. 75%；要素 7 为仲裁员的专业能力，其权重是 12. 35%；要素 8 为市场主体的仲裁法律意识，其权重是 9. 65%；要素 9 为区域法律服务体系的健全程度，其权重是 6. 70%；要素 10 为仲裁研究与人才培养情况，其权重是 5. 50%。W3 = ［9. 95 12. 65 9. 35 12. 25 12. 85 8. 75 12. 35 9. 65 6. 70 5. 50］/100；专家打分不满 100 分或超过 100 分的，采用比例换算方式折算到 100 分。

2. 问卷调查与数据建模

为使要素的权重分析更具客观性，我们设计了问卷，并在全国范围内向仲裁机构工作人员、仲裁员、律师、法官、科研机构人员、企业法务、政府机关等人员进行问卷调查。在回收的 171 份调查问卷基础上，课题组运用数学建模方式作进一步分析，以达到尽量避免主观偏好、追求客观的效果。

以往决策者大多偏好采用层次分析法（Analytic Hierarchy Process,

AHP）计算权重，[①] 该方法主观性比较强，作出的决策与实际需求会存在偏差。考虑到仲裁中心建设是持续渐进的过程，其间涉及众多部门决策，经综合比较层次分析法、聚类分析法等方法的优缺点，我们选择了K均值聚类（Kmeans）算法[②]、主成分分析法（Principal Component Analysis，PCA）[③]、流形学习中的多维尺度分析法（Multidimersional Scaling，MDS）[④] 三种方法。通过K均值聚类（Kmeans）算法计算，最终得到每道题各选项的重要、次要性，对数据进行处理，得到各要素之间需要的选项。通过流形学习MDS方法，把各要素的高维矩阵进行降维，降维到一维，从而得到10个要素、171个被调查人员的矩阵，即171行10列的矩阵。通过主成分分析法分析171行10列的矩阵得到各要素的贡献率，即各要素的权重。

（1）对调查问卷选项的聚类处理

首先需要对调查问卷题目及选项的相关性进行处理，删除次要选项（含重复和不相关性选项）。为了解决被调查人对每个题目选项的选择偏好问题，选用最常用的聚类算法中的K均值聚类（Kmeans）算法。

Kmeans算法主要是在给定k值和k个初始类簇中心点的情况下，把每个点（即数据记录）分到离其最近的类簇中心点所代表的类簇中，所有点分配完毕之后，根据一个类簇内的所有点重新计算该类簇的中心点（取平均值），然后再迭代地进行分配点和更新类簇中心点

---

① 层次分析法是一种定性和定量相结合的、系统的、层次化的分析方法。这种方法的特点就是在对复杂决策问题的本质、影响因素及其内在关系等进行深入研究的基础上，利用较少的定量信息使决策的思维过程数学化，从而为多目标、多准则或无结构特性的复杂决策问题提供简便的决策方法。这种方法是对难以完全定量的复杂系统作出决策的模型和方法。

② K均值聚类，即Lloyd算法，是一种迭代数据划分算法，它将n个观测值分配给由质心定义的k个簇之一，其中k是在算法开始之前选择的。

③ 主成分分析是一种简化数据集的统计分析方法，利用正交变换来对一系列可能相关的变量的观测值进行线性变换，从而投影为一系列线性不相关变量的值，这些不相关变量称为主成分。

④ 多维尺度分析是一种将多维空间的研究对象（样本或变量）简化到低维空间进行定位、分析和归类，同时又保留对象间原始关系的数据分析方法。

的步骤，直至类簇中心点的变化很小，或者达到指定的迭代次数。其基本原理是：假设给定数据样本 X 包含了 n 个对象，$X = \{X_1, X_2, X_3, \cdots, X_n\}$，其中每个对象都具有 m 个维度的属性。Kmeans 算法的目标是将 n 个对象依据对象间的相似性聚集到指定的 k 个类簇中，每个对象属于且仅属于一个其到类簇中心距离最小的类簇。对于 Kmeans，首先需要初始化 k 个聚类中心 $C = \{C_1, C_2, C_3, \cdots, C_n\}$，然后通过计算每一个对象到每一个聚类中心的欧式距离，如下式所示：

$$dis(X_i, C_j) = \sqrt{\sum_{t=1}^{m} (X_{it} - C_{jt})^2} \tag{1}$$

(1) 式中，X_i表示第 i 个对象（$1 \leqslant i \leqslant n$），$C_j$表示第 j 个聚类中心（$1 \leqslant j \leqslant k$），$X_{it}$ 表示第 i 个对象的第 t 个属性（$1 \leqslant t \leqslant m$），$C_{jt}$ 表示第 j 个聚类中心的第 t 个属性（$1 \leqslant t \leqslant m$）。

依次比较每一个对象到每一个聚类中心的距离，将对象分配到距离最近的聚类中心的类簇中，得到 k 个类簇 $\{S_1, S_2, S_3, \cdots, S_k\}$。

Kmeans 算法用中心定义了类簇的原型，类簇中心就是类簇内所有对象在各个维度的均值，其计算公式如下：

$$C_t = \frac{\sum_{X_i \in S_l} X_i}{|S_l|} \tag{2}$$

11 – Means 算法流程是：

12 – 输入：样本集 $D = \{x_1, x_2, x_3, \cdots, x_m\}$；聚类簇数 k。

过程：

(i) 从 D 中随机选择 k 个样本作为初始均值向量 $\{\mu_1, \mu_2, \cdots, \mu_k\}$；

(ii) repeat;

(iii) 令 $C_i = \emptyset$ ($1 \leqslant i \leqslant k$)；

(iv) for $j = 1, 2, \cdots, m$ do;

(v) 计算样本 x_j与各均值向量 μ_i（$1 \leqslant i \leqslant k$）的距离：$d_{ij} = \| x_i -$

$\mu_j \|_2$；

（vi）根据距离最近的均值向量确定 x_j 的簇标记：$\lambda_j = \mathrm{argmin}_{i \in \{1, 2, 3, \cdots, k\}} d_{ij}$；

（vii）将样本 x_j 划入相应的簇：$C_{\lambda j} = C_{\lambda j} \cup \{x_j\}$；

（viii）end for；

（viiii）for $i = 1, 2, \cdots, k$ do；

（x）计算新均值向量：$\mu_i' = 1 / |C_i| \sum_{x \in Ci} x$；

（xi）if $\mu_i' \neq \mu_i$ then；

（xii）将当前均值向量 μ_i 更新为 μ_i'；

（xiii）Else；

（xiv）保持当前均值不变；

（xv）end if；

（xvi）end for；

（xvii）until 当前均值向量均未更新。

输出：簇划分 $C = \{C_1, C_2, \cdots, C_k\}$

通过分析被调查人对调查问卷每个题的选项的认同是否趋于一致，进行聚类分析。将调查问卷选项分为次要和重要两部分，次要部分的选项远离整体被调查人选择，即聚类的中心；重要部分的选项趋向于大家共同选择。为了确定各选项和各要素之间的关系，用 K 均值聚类（Kmeans）算法对数据进行处理，将每道题选项分为重要部分和次要部分。

用矩阵 X 表示被调查人的数据，矩阵 X 取 171 行和 116 列，其中 171 代表问卷的个体总数，116 表示问卷的选项，见图 3－1。

问卷 18 道题选项数如下：{6 7 7 9 7 6 6 5 7 5 6 5 4 9 8 7 5 7}。我们分析每道题的选项是否重要或者次要，重要说明聚类集合 1 距离质心的距离均值越大，次要说明聚类集合 1 距离质心的距离均值越小，1 表示重要，2 表示次要。

基于每道题的选项进行聚类，比如第 1 题 6 个选项，聚类后结果为 {212222} 就是第 1 题第 2 选项最重要。依次计算第 2 题至第 18 题，从

X ✖

116x171 double

	A 1	B 2	C 3	D 4	E 5	F 6	G 7	H 8	I 9	J 10	K 11
1	0	0.0116	0.0116	0	0.0116	0.0116	0	0.0116	0	0.0116	0
2	0	0	0	0	0	0	0	0.0345	0.0345	0.0345	0
3	0.0133	0.0133	0	0.0133	0	0	0	0	0	0.0133	0
4	0	0.0156	0.0156	0.0156	0	0.0156	0.0156	0.0156	0	0	0
5	0.0169	0	0.0169	0	0.0169	0	0.0169	0	0.0169	0.0169	0
6	0.0093	0	0.0093	0.0093	0	0	0.0093	0	0.0093	0.0093	0.0093
7	0.0066	0.0066	0.0066	0.0066	0.0066	0.0066	0.0066	0.0066	0.0066	0.0066	0.0066
8	0.0069	0.0069	0.0069	0.0069	0.0069	0.0069	0	0.0069	0.0069	0.0069	0.0069
9	0.0070	0.0070	0.0070	0.0070	0	0.0070	0.0070	0	0.0070	0.0070	0.0070
10	0.0081	0	0.0081	0.0081	0	0.0081	0.0081	0	0.0081	0	0.0081
11	0.0071	0	0.0071	0.0071	0	0.0071	0.0071	0	0.0071	0.0071	0.0071
12	0.0085	0	0.0085	0.0085	0	0.0085	0.0085	0	0.0085	0.0085	0
13	0.0090	0.0090	0.0090	0.0090	0	0.0090	0	0.0090	0.0090	0	0.0090
14	0.0065	0.0065	0.0065	0.0065	0	0.0065	0.0065	0.0065	0.0065	0.0065	0.0065
15	0.0119	0	0	0	0	0.0119	0	0	0	0	0.0119
16	0.0085	0.0085	0.0085	0	0.0085	0.0085	0.0085	0	0	0	0
17	0.0077	0	0.0077	0.0077	0	0.0077	0	0	0.0077	0.0077	0
18	0.0085	0.0085	0.0085	0.0085	0	0.0085	0	0.0085	0.0085	0.0085	0.0085
19	0.0079	0	0.0079	0.0079	0.0079	0.0079	0	0	0.0079	0	0
20	0.0095	0.0095	0.0095	0.0095	0	0.0095	0	0	0.0095	0.0095	0
21	0.0118	0	0.0118	0.0118	0	0.0118	0	0	0.0118	0.0118	0.0118
22	0.0096	0.0096	0.0096	0.0096	0	0.0096	0.0096	0	0.0096	0.0096	0.0096
23	0.0069	0.0069	0	0.0069	0.0069	0.0069	0.0069	0.0069	0.0069	0.0069	0.0069
24	0.0087	0.0087	0.0087	0.0087	0	0.0087	0	0.0087	0.0087	0.0087	0

图 3－1 被调查人的矩阵数据

而得到每道题的次要选项并适当减小权重，并用处理过的数据进行要素的权重及相关性分析。

（2）仲裁中心支撑要素矩阵的降维

研究要素的权重，需要掌握每个要素跟要提取调查问卷中的已知相关选项。基于要素提取选项，得到一个高维的矩阵。分析要素之间的相互关系及要素的贡献率，首先要把高维的矩阵降为一维的向量，向量中的各元素对应各调查个体，采用多维尺度分析法降维。

①多维尺度分析法（MDS）

多维尺度变换算法解决的问题是：当 n 个对象之间的相似性给定，确定这些对象在低维空间中的表示，并使其尽可能与原先的相似性大致匹配。高维空间中每一个点代表一个对象，因此点与点之间的距离和对象之间的相似度高度相关。可以这么理解，两个相似的对象在高维空间中由两个距离相近的点所表示，两个不相似的对象在高维空间中由两个距离比较远的点表示。其中 MDS 又分为 Classical MDS 和 No-classical

MDS。

Classical MDS（经典多维尺度变换）指经典多维尺度变换的距离标准采用欧式距离。No-classical MDS（非经典多维度尺度变换）指非经典多维度尺度变换的距离标准采用非欧式距离。其基本思想是将高维坐标中的点投影到低维空间中，保持点彼此之间的相似性尽可能不变。

原理推导如下：给定 N 个实例，每个实例是一个 $\{1\text{x}m\}$ 维的向量，我们可以计算出 m 维空间中的距离矩阵 D，D 是一个 $\{m\text{x}m\}$ 矩阵；其中第 i 行 j 列的元素表示第 i 个实例和第 j 个实例之间的距离。假设我们把数据降维至 Z 维空间中，其中 Z_i 表示其中第 i 个实例。利用内积形式推导（Classical MDS）要求任意两个实例在 Z 维空间中的距离与原始空间的距离相同。因此我们有如下表达式：

$$d_{ij}^2 = \|z_i - z_j\|^2 = \|z_i\|^2 + \|z_j\|^2 - 2\, z_i^T z_j \tag{3}$$

因为在 Z 维空间中，点可以进行平移与旋转，因此在 Z 维空间中会有多种分布满足要求，不失一般性，我们假设 Z 维空间中的实例点是中心化的，即：

$$\sum_{i=1}^{N} z_i = 0 \tag{4}$$

对公式（4）左右两边求和：

$$\sum_{i=1}^{N} d_{ij}^2 = \sum_{i=1}^{N} \|z_i\|^2 + N\|z_j\|^2 \tag{5}$$

$$\sum_{j=1}^{N} d_{ij}^2 = \sum_{j=1}^{N} \|z_j\|^2 + N\|z_i\|^2 \tag{6}$$

对公式（6）两边再次进行求和：

$$\sum_{i=1}^{N} \sum_{j=1}^{N} d_{ij}^2 = \sum_{i=1}^{N} \sum_{j=1}^{N} \|z_j\|^2 + N\sum_{i=1}^{N} \|z_i\|^2 = 2N\sum_{i=1}^{N} \|z_i\|^2 \tag{7}$$

定义内积矩阵 $B = Z^T Z$，其中，将式（5）（6）（7）代入式（4）中，可得：

$$b_{ij} = -\frac{1}{2}\left(\frac{1}{N^2}\sum_{i=1}^{N} \sum_{j=1}^{N} d_{ij}^2 - \frac{1}{N}\sum_{i=1}^{N} d_{ij}^2 - \frac{1}{N}\sum_{j=1}^{N} d_{ij}^2 + d_{ij}^2\right) \tag{8}$$

由于矩阵 B 是一个对称矩阵，因此对矩阵 B 进行特征分解可以得到：

$$B = V \wedge V^T \tag{9}$$

其中 $\wedge$ 是特征值矩阵，V 是特征向量矩阵。由于将数据降维到 Z 维空间中，因此选择前 Z 个最大的特征值以及特征向量。降维之后的数据点表示为：

$$Z = V_Z \wedge_z^{1/2} \tag{10}$$

构造损失函数求解（No-classical MDS& & Classical MDS），当距离标准不是欧式距离的时候，此时不存在解析解，需要采用优化算法的形式求解。目标是使数据点在高维和低维空间中的距离尽可能相近，因此可以构造如下目标函数：

通过最小化损失函数的值来求点在 Z 维空间的分布：

$$J = \frac{1}{N^2}\sum_{i=1}^{N} \sum\nolimits_{j=i+1}^{N} (\|z_i - z_j\| - d_{ij})^2 \tag{11}$$

MDS 算法流程：

（i）计算原始空间中数据点的距离矩阵；

（ii）计算内积矩阵 B；

（iii）对矩阵 B 进行特征值分解，获得特征值矩阵 $\wedge$ 和特征向量矩阵 V；

（iv）取特征值矩阵最大的前 Z 项及其对应的特征向量。

$$Z = V_Z A_Z^{1/2}$$

②仲裁中心支撑要素矩阵的降维

降维的最终目的是将仲裁中心支撑要素的高维矩阵降为一维向量。对 171 个调查个体的 116 个选项根据 10 个要素进行适当筛选。对第 1 个要素进行降维，从 116 个选项筛选出 m 个重要选项，降维就是将 $171xm$ 矩阵降为 1 列的向量，10 个要素共得到 10 列向量组成矩阵，矩阵见下图 3－2。

	A	B	C	D	E	F	G	H	I	J
	1	2	3	4	5	6	7	8	9	10
1	-0.6010	-0.8765	-0.7340	-0.8121	0.0142	0.4302	0.4775	-0.6705	0.5890	-0.7694
2	-0.3392	0.5675	0.2358	0.5951	-0.1099	-0.0421	0.0657	-0.3996	0.0937	0.6984
3	-0.6010	-0.8765	-0.7340	-0.6822	0.0142	0.9794	0.8969	-0.6705	0.7419	-0.7694
4	-0.6010	0.1556	-0.0994	-0.1454	-0.1103	0.1848	0.2068	-0.6705	0.1649	0.1285
5	0.8658	-0.0760	0.2687	-0.1201	-0.1466	0.0771	0.0545	0.9013	0.0930	0.1719
6	-0.1791	0.1970	-0.0813	-0.1185	-0.1255	0.0939	0.1649	-0.3996	0.0645	0.0437
7	0.7382	-0.1380	-0.2959	-0.1603	-0.0946	0.9027	0.7800	0.3907	0.4950	-0.2867
8	0.5278	0.4485	0.6961	0.7559	0.6806	-0.0899	-0.0230	0.6701	-0.2666	0.7933
9	-0.6010	-0.8765	-0.7340	-0.7336	0.8567	0.4302	0.4775	-0.6705	0.1308	-0.7694
10	-0.1030	-0.3763	-0.0562	-0.4038	0.8602	0.3518	0.3194	-0.3406	0.3426	-0.4718
11	0.1059	0.3908	0.0154	0.0736	-0.3103	-0.4670	-0.3174	0.0608	-0.4450	0.2292
12	-0.6010	-0.8765	-0.7340	-0.8121	1	1	0.9989	-0.6705	1	-0.7694
13	-0.6010	0.3029	0.2755	0.2269	-0.1524	0.0823	0.1319	-0.4307	0.1656	0.0224
14	-0.2927	0.2289	0.0368	0.0777	-0.1394	-0.5579	-0.3566	-0.3996	-0.1348	0.0437
15	-0.6010	-0.8219	-0.2207	-0.6894	0.9431	1	0.7829	-0.4307	0.7069	-0.5790
16	0.8658	0.5558	0.4122	0.8186	0.6587	-0.7127	-0.6577	0.9013	-0.3810	0.6480
17	-0.6010	-0.8765	-0.7340	-0.4070	0.0142	0.4302	0.4775	-0.6705	0.4065	-0.7694
18	0.4438	0.5936	-0.0523	0.2143	-0.1839	-0.5453	-0.3888	0.4894	-0.2793	0.2609
19	0.7933	0.9529	0.8731	0.9382	-0.3364	-0.7777	-0.8752	1	-0.7890	0.9517
20	-0.6010	0.0738	0.5465	0.1693	-0.1931	-0.5020	-0.4102	-0.4307	-0.0629	0.2342
21	0.3537	0.2845	-0.1133	0.2181	-0.2813	-0.4670	-0.3420	0.0608	-0.5042	0.2522
22	-0.6010	-0.8022	-0.6692	-0.7458	0.8567	0.4302	0.4775	-0.6705	0.1953	-0.7694
23	-0.4409	0.3544	-0.0385	0.0082	-0.2792	-0.5084	-0.3398	-0.6705	-0.5680	0.1085
24	-0.3392	-0.7487	-0.4258	-0.3873	-0.0732	0.3392	0.2940	-0.1599	0.2422	-0.5457
25	-0.6010	0.3076	0.0570	0.0991	-0.1945	-0.5084	-0.3395	-0.5718	-0.1816	-0.0788
26	0.1059	0.0814	-0.1073	0.2255	-0.2469	-0.4056	-0.4629	0.3005	-0.5366	0.1010

图 3－2　MDS 降维的数据

注：报告使用 Excel、Matlab R2020a 收集和分析数据。

（3）仲裁中心支撑要素权重的计算

10 个要素的向量组成 171 行 10 列的矩阵，用主成分分析法分析 10 个要素的贡献率即权重，并通过相关性分析计算各要素之间的相互关系，得到一个十维方阵。

①主成分分析法（PCA）

主成分分析的主要步骤如下：

（i）对原始数据进行标准化处理，若样本数据矩阵如下：

$$X = \begin{bmatrix} x_{11} & x_{12} & \cdots & x_{1p} \\ x_{21} & x_{22} & \cdots & x_{2p} \\ \vdots & \vdots & \ddots & \vdots \\ x_{n1} & x_{n2} & \cdots & x_{np} \end{bmatrix}$$

对原始数据进行标准化处理：

$$x_{ij}^{*} = \frac{x_{ij} - \bar{x}_j}{\sqrt{Var(x_j)}} (i = 1,2,\cdots,n; j = 1,2,\cdots,p)$$

$$\bar{x}_j = \frac{1}{n} \sum_{i=1}^{n} x_{ij}$$

$$Var(x_j) = \frac{1}{n-1} \sum_{i=1}^{n} (x_{ij} - \bar{x}_j)^2 (j = 1,2,\cdots,p) \tag{12}$$

（ii）计算样本相关系数矩阵：

$$R = \begin{bmatrix} r_{11} & r_{12} & \cdots & r_{1p} \\ r_{21} & r_{22} & \cdots & r_{2p} \\ \vdots & \vdots & \ddots & \vdots \\ r_{p1} & r_{p2} & \cdots & r_{pp} \end{bmatrix}$$

$$r_{ij} = Cov(x_i, x_j) = \frac{\sum_{k=1}^{n} (x_i - \bar{x}_i)(x_j - \bar{x}_j)}{n-1}, n > 1 \tag{13}$$

（iii）选择重要的主成分：

由主成分分析可以得到 P 个主成分，主成分 $F1$ 包含的信息大于 $F2$，且可以以此类推，因此各个主成分的方差也是递减的，包含的信息量也是递减的，使用该方法不再选取所有的 P 个主成分，而是根据各个主成分累计贡献的大小选取前面 K 个主成分。这里的贡献率是指某个主成分的方差占据全部主成分方差的比重，也就是某个特征值占据全部特征值和的比重，即：

$$贡献率 = \frac{\lambda_i}{\sum_{i=1}^{p} \lambda_i} \tag{14}$$

某个主成分的贡献率越大说明该主成分包含的原始信息量越大，主成分 K 值的选取，主要依据主成分累计贡献率来决定。当累计贡献率达到 85% 以上时，可以认为这 K 个主成分包含了原始信息绝大多数的信息。

（iv）计算主成分得分，其形式如下：

$$F = \begin{bmatrix} f_{11} & f_{12} & \cdots & f_{1k} \\ f_{21} & f_{22} & \cdots & f_{2k} \\ \vdots & \vdots & \ddots & \vdots \\ f_{n1} & f_{n2} & \cdots & f_{nk} \end{bmatrix}$$

$$f_{ij} = a_{j1}\, a_{i1} + a_{j2}\, a_{i2} + \cdots + a_{jp}\, a_{ip}, (i = 1,2,\cdots,n; j = 1,2,\cdots,k) \tag{15}$$

②用主成分分析法对仲裁中心支撑各要素权重分析

用主成分分析法分析仲裁中心支撑各要素数据的权重。通过计算的各要素贡献率如下：

要素 1 为区位经济发展优势，其权重是 49.43%；

要素 2 为仲裁法律制度成熟程度，其权重是 14.66%；

要素 3 为政府对仲裁的政策支持，其权重是 9.85%；

要素 4 为法院系统对仲裁的司法保障，其权重是 5.49%；

要素 5 为仲裁机构的运作效度，其权重是 5.08%；

要素 6 为仲裁规则的效用，其权重是 4.28%；

要素 7 为仲裁员的专业能力，其权重是 4.15%；

要素 8 为市场主体的仲裁法律意识，其权重是 2.70%；

要素 9 为区域法律服务体系的健全程度，其权重是 2.39%；

要素 10 为仲裁研究与人才培养情况，其权重是 1.98%。

W4 = ［49.43 14.66 9.85 5.49 5.08 4.28 4.15 2.70 2.39 1.98］/100。

3. 两种方法的差异性分析

通过专家打分得出的各要素权重与主成分分析法（PCA）得到的权重结果存在差异，就差异产生的原因采用相关系数的方法进行分析。

将模型计算的 10 个要素权重和专家打分的权重进行相关性计算，运行结果见下图 3－3。

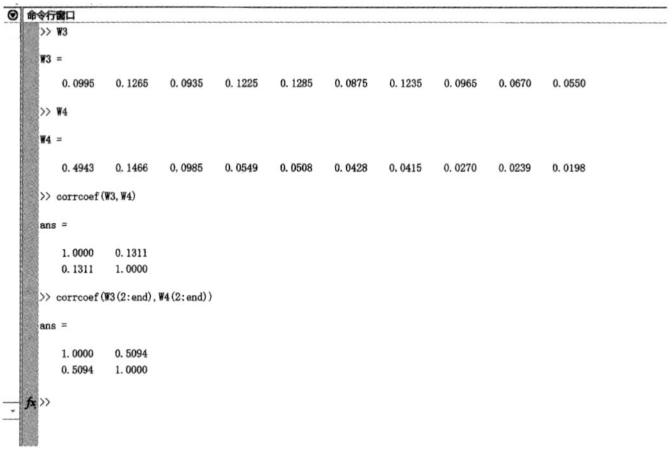

```
命令行窗口
>> W3

W3 =

    0.0995    0.1265    0.0935    0.1225    0.1285    0.0875    0.1235    0.0965    0.0670    0.0550

>> W4

W4 =

    0.4943    0.1466    0.0985    0.0549    0.0508    0.0428    0.0415    0.0270    0.0239    0.0198

>> corrcoef(W3,W4)

ans =

    1.0000    0.1311
    0.1311    1.0000

>> corrcoef(W3(2:end),W4(2:end))

ans =

    1.0000    0.5094
    0.5094    1.0000

fx >>
```

图 3-3　模型和专家打分的权重相关性运行及结果

注：报告使用 Matlab R2020a 运行数据。

即 10 个要素的专家打分权重与模型计算的权重相关性结果是 0.1311，如果去除第一个要素后剩余要素的专家打分权重与模型计算的权重相关性结果是 0.5094。

通过对比各要素分值及两种打分方法的差异性分析，发现专家打分与调查问卷对区位经济发展优势对仲裁中心建设发挥作用的比例差异较大，这与调查问卷的问题及选项设计有关，但不影响区位经济发展优势对仲裁中心建设的支撑作用。其余各要素分值接近，说明 10 个要素的权重具有科学性。

4. 仲裁中心支撑要素间的相关性分析

（1）仲裁中心十大支撑要素相互影响系数

为进一步了解仲裁中心支撑要素间的相互关系，对仲裁中心各要素相关性进行以下计算。

两个随机变量的相关系数用于度量其线性相关性。如果每个变量具有 N 个标量观测值，则 Pearson 相关系数定义为：

$$p(A,B) = \frac{1}{N-1}\sum_{i=1}^{N}\left(\frac{A_i - \mu_A}{\sigma_A}\right)\left(\frac{B_i - \mu_B}{\sigma_B}\right) \tag{16}$$

其中 μ_A 和 σ_A 分别是 A 的均值和标准差，μ_B 和 σ_B 是 B 的均值和标准差。可以根据 A 和 B 的协方差定义相关系数：

$$p(A,B) = \frac{cov(A,B)}{\sigma_A \sigma_B} \tag{17}$$

两个随机变量的相关系数矩阵是每组合的相关系数的矩阵，

$$R = \begin{pmatrix} \rho(A,A) & \rho(A,B) \\ \rho(B,A) & \rho(B,B) \end{pmatrix} \tag{18}$$

由于 A 和 B 始终直接与自身相关，对角线上的元素均为 1，即，

$$R = \begin{pmatrix} 1 & \rho(A,B) \\ \rho(B,A) & 1 \end{pmatrix} \tag{19}$$

由 10 个要素的向量组成 171 行 10 列的矩阵计算各要素的相关性，得到一个 10 维方阵，结果如下图 3－4 所示。

A B C D E F G H I J

rpp

10x10 double

	1	2	3	4	5	6	7	8	9	10
1	1	0.4184	0.3630	0.3485	-0.0562	-0.2411	-0.1930	0.6946	-0.2510	0.3293
2	0.4184	1	0.7232	0.7356	-0.2471	-0.6119	-0.5766	0.3725	-0.3852	0.4206
3	0.3630	0.7232	1	0.7116	-0.2308	-0.5818	-0.5416	0.3569	-0.3336	0.3479
4	0.3485	0.7356	0.7116	1	-0.2789	-0.5321	-0.5462	0.4338	-0.3575	0.4075
5	-0.0562	-0.2471	-0.2308	-0.2789	1	0.3130	0.3764	-0.0711	0.2722	-0.3083
6	-0.2411	-0.6119	-0.5818	-0.5321	0.3130	1	0.7151	-0.1595	0.5154	-0.4191
7	-0.1930	-0.5766	-0.5416	-0.5462	0.3764	0.7151	1	-0.2940	0.5237	-0.4684
8	0.6946	0.3725	0.3569	0.4338	-0.0711	-0.1595	-0.2940	1	-0.2603	0.3853
9	-0.2510	-0.3852	-0.3336	-0.3575	0.2722	0.5154	0.5237	-0.2603	1	-0.5052
10	0.3293	0.4206	0.3479	0.4075	-0.3083	-0.4191	-0.4684	0.3853	-0.5052	1

图 3－4　要素的关系矩阵

通过分析 10×10 的 10 维关系方阵，得出要素之间的相互影响系数。每个要素和它本身的关系是 1，所以对角线上的元素都是 1。要素之间关系是正数，说明他们之间是正相关关系，要素之间变量变动方向相同，任何一个支撑要素自变量（自己发生变化的量）由大到小或由小到大变化时，其他支撑要素的因变量（跟着自变量变化的量）亦由

大到小或由小到大变化。而且系数值越大，说明要素之间的紧密程度越高。要素之间关系是负数，则说明要素之间是负相关关系，要素之间相互影响相对较小。

(2) 仲裁中心十大支撑要素之间相关性分析

结合图 3－4 要素的关系矩阵，对仲裁中心十大支撑要素之间相关性具体分析如下。

第一要素区位经济发展优势和仲裁法律制度成熟程度的关系是 0.4184；和政府对仲裁的政策支持的关系是 0.3630；和法院系统对仲裁的司法保障的关系是 0.3485；和市场主体的仲裁法律意识的关系是 0.6946；和仲裁研究与人才培养情况的关系是 0.3293。由此可见，区位经济发展优势、仲裁法律制度成熟程度、政府对仲裁的政策支持、法院系统对仲裁的司法保障、市场主体的仲裁法律意识、仲裁研究与人才培养情况之间是正相关关系。越是经济发达的地区，仲裁法律制度越成熟，无论是政府对仲裁的政策支持，还是法院系统对仲裁的司法保障都处于积极的状态；此外，经济发达区域对人才的重视程度、对仲裁前沿问题的研究等方面也处于领先地位。反之，仲裁制度完备、政府与人民法院积极支持仲裁又会吸引人才，创新服务，优化区域营商环境，促进区位经济发展。区位经济发展优势与其他要素之间的关系虽然是负相关，但只是相对上述要素而言，并非相互掣肘，而是相互影响减弱。

第二要素仲裁法律制度成熟程度对当地的区位经济发展优势、政府对仲裁的政策支持、法院系统对仲裁的司法保障、市场主体的仲裁法律意识、仲裁研究与人才培养情况都有关系，对仲裁机构的运作效度、仲裁规则的效用、仲裁员的专业能力以及区域法律服务体系的健全程度等影响相对减弱。

第三要素政府对仲裁的政策支持对区位经济发展优势、仲裁法律制度成熟程度、法院系统对仲裁的司法保障、市场主体的仲裁法律意识、仲裁研究与人才培养情况等要素影响较大。

第四要素法院系统对仲裁的司法保障，同样影响到区位经济发展优势、仲裁法律制度的成熟程度、政府对仲裁的政策支持以及市场主体的仲裁法律意识、仲裁研究与人才培养情况。

第五要素仲裁机构的运作效度，与其有直接关系的则是仲裁规则的效用、仲裁员的专业能力、区域法律服务体系的健全程度等。

第六要素仲裁规则的效用与仲裁机构的运作效度、仲裁员的专业能力、区域法律服务体系的健全程度有直接关系。

第七要素仲裁员的专业能力同样对仲裁机构的运作效度、仲裁规则的效用、区域法律服务体系的健全程度影响较大外，对其他要素影响均偏弱。

第八要素市场主体的仲裁法律意识则与区位经济发展优势、仲裁法律制度的成熟程度、政府对仲裁的政策支持、法院系统对仲裁的司法保障、仲裁研究与人才培养情况都有关系，与仲裁机构的运作效度、仲裁员的专业能力还有区域法律服务体系的健全程度关系相对较弱。

第九要素区域法律服务体系的健全程度对仲裁机构的运作效度、仲裁规则的效用、仲裁员的专业能力影响较大。

第十要素仲裁研究与人才培养情况则对当地的区位经济发展优势、仲裁法律制度成熟程度、政府对仲裁的政策支持、法院系统对仲裁的司法保障、市场主体的仲裁法律意识具有积极的促进作用。

四　中国区域性国际仲裁中心的评估指标体系构建

区域性国际仲裁中心的建设依托于国家发展战略，以自身优势为基础，致力于提高中国仲裁的国际水平与国际竞争力。对区域性国际仲裁中心进行科学、系统的评估，既有助于对标检验仲裁中心的发展，完善其仲裁服务，提升其仲裁公信力，也有助于市场主体的监督和选择。评估指标体系的构建则是一项系统性工程，需要对影响指标体系构建的多重维度进行综合分析和考量，并在此基础上结合评估方法形成指标体系。为保障评估的专业性与中立性，选择第三方机构作为区域性国际仲裁中心评估者较为妥当，有利于评估过程的独立性及评估结果的客观性和公正性。

（一）评估指标体系构建的主要内容

区域性国际仲裁中心评估体系的构建旨在通过科学、客观的评估，促进仲裁中心建设，驱动和引导中国仲裁事业的发展方向，涉及评估目的、评估路径、评估主体、评估数据和评估方法等多个内容。

1. 评估目的

区域性国际仲裁中心评估的根本目的是在中国打造具有国际竞争力的区域性国际仲裁中心，以推动中国法治化营商环境建设，具体包括以下三方面。

首先，测评作用。区域性国际仲裁中心建设是一个系统工程，不仅涉及仲裁机构的建设，同时还涉及政府支持、司法保障、国家立法、其他法律配套服务机构的健全，以及市场主体对仲裁法律服务的认识与评价等多重维度。通过评估可以有效地对不同机构与个人参与区域性国际仲裁中心建设的行为作出相对科学的判断与评价。

其次，完善作用。对区域性国际仲裁中心的评估，一方面可以针对仲裁机构仲裁服务质量、服务水平等方面进行测评；另一方面可以对市场主体就国际仲裁中心的相关仲裁机构提供法律服务，相关法院对仲裁裁决的承认与执行情况进行评估，促使评估结果倒逼仲裁机构或相关部门提升主动性和积极性，推动完善区域性国际仲裁中心的建设与发展。

最后，引导作用。区域性国际仲裁中心的评估指标体系作为一套复杂的多层次指标系统，通过对各项因素的逐步分解、细化与量化形成具备可操作性和可测量性的指标工具。对于筹备中的区域性国际仲裁中心，可对照相应评估指标体系进行自检或第三方评估，根据评估结果制定发展规划。对于建设中的区域性国际仲裁中心，可以及早发现与既定目标之间的差距，及时调整方案，保证中心建设的顺利推进。

2. 评估路径

评估路径决定了评估指标的选取标准和方向，是科学合理地设计区域性国际仲裁中心评估指标体系的方法论层面的基本问题。由于本书主要围绕区域性国际仲裁中心建设，因此涉及的主要是体制性路径和价值性路径两种类型。体制性路径着重评判仲裁机构体制机制是否健全完善、相关司法及行政部门如何支持并监督仲裁、仲裁机构内部管理制度是否完备、仲裁规则的修订是否合理等方面；价值性路径则更关注区域性国际仲裁中心的建设是否符合仲裁发展理念和精神，诸如市场主体的仲裁体验、仲裁对法治建设的推动等方面。

3. 评估对象

评估对象是在预备筹建或正在建设中的区域性国际仲裁中心。本书从国际仲裁中心定义出发，中国的区域性国家仲裁中心是在我国法域内，以一个或多个城市向外辐射的区域为基础，以仲裁机构为引擎，聚合其他上下游法律服务机构或组织，为国内外市场主体预防和解决纠纷提供仲裁及相关法律服务的具有国际影响力的优质生态系统。这也就意味着与某个区域性国际仲裁中心发展相关的组织与个人的活动都应纳入评估的范围，而进一步从与区域性国际仲裁中心发展相关的十大支撑要素来看，这些组织与个人将包括特定区域负责仲裁的立法机关、司法机关、仲裁机构、仲裁机构工作人员、仲裁员、仲裁律师、仲裁研究者以及提供仲裁配套法律服务的公证机关与公证员等。

4. 评估数据

从保障评估数据的客观性和可获得性等要求来看，区域性国际仲裁中心评估指标体系的客观指标应当尽量采用可以公开查询到的数据源或官方统计结果，同时充分利用专家评议、市场主体满意度调查等方式获得主观指标的评估数据，保证评估数据来源渠道的多元性和互补性。

（二）区域性国际仲裁中心评估指标体系的构建

区域性国际仲裁中心的评估指标体系应当能够比较完整地反映特定地方国际仲裁中心的发展，将影响中心发展的因素转化成具有层次和可操作性的量化评估指标。指标体系中具体评估指标的设计本身是一种系统性、综合性的科研活动。为使评估指标能够客观和准确地反映区域性国际仲裁中心的建设成效与水平，需要考虑指标的合理性、必要性和可行性。在经过多轮专家意见征询基础之上，以区域性国际仲裁中心发展的支撑要素为准绳，本书提出包含一级指标（10个）、二级指标（32个）以及三级指标（155个）的评估指标体系，见表4－1。

1. 评估指标体系

表4－1　评估指标体系

一级指标	二级指标	三级指标
区位经济发展优势	地方经济发展水平	1. 地方在全国城市GDP的排名（上一年度）
		2. 第二、第三产业产值在地方GDP总量占比（上一年度）
		3. 地方在城市营商环境排行榜的排名（最近年度）
	地方对外经济联系	1. 地方进口贸易额（上一年度）
		2. 地方出口贸易额（上一年度）
		3. 地方外商投资额（上一年度）
		4. 外商投资企业在地方注册企业占比（上一年度）
		5. 地方注册外商投资企业的投资方来源国家或地区数量（最近年度）
		6. 地方对外直接投资额（上一年度）
	地方服务国家发展战略能力	1. 地方列入国家发展战略规划情况：（1）设立自贸区；（2）属于国家级示范区；（3）属于国家中心城市；（4）属于国家社会主义特色示范区；（5）服务贸易示范区；（6）其他

续表

一级指标	二级指标	三级指标
仲裁法律制度成熟程度	支持仲裁发展的法律文件	1. 地方人大（包括省级与市级）出台支持仲裁发展的地方性法规（1995 年以来）
		2. 地方人大（包括省级与市级）出台支持仲裁发展的规范性法律文件（1995 年以来）
	支持仲裁发展的其他举措	1. 地方人大代表（包括省级与市级）提出支持仲裁发展的议案（最近三年）
		2. 地方政协委员（包括省级与市级）提出支持仲裁发展的提案（最近三年）
		3. 地方人大及所属机构（包括省级与市级）开展的有关仲裁的调研活动（最近三年）
		4. 地方政协及所属机构（包括省级与市级）开展的有关仲裁的调研活动（最近三年）
政府对仲裁的政策	对仲裁发展的重视	1. 地方省（市）政府出台专门支持仲裁发展的规章与规范性法律文件的情况（1995 年以来）
		2. 将支持仲裁发展纳入省（市）国民经济与社会发展五年规划的情况（1995 年以来）
		3. 将支持仲裁发展纳入省（市）政府工作报告的情况（最近三年）
	对仲裁的税收优惠	1. 将仲裁员作为享受税收优惠政策主体的情况（1995 年以来）
		2. 将仲裁机构作为享受税收优惠政策主体的情况（1995 年以来）
	支持仲裁机构发展的政策	1. 当地登记仲裁机构为非营利法人的情况：（1）是否将仲裁机构的决策机构登记为非营利法人；（2）是否将仲裁机构的执行机构登记为非营利法人
		2. 当地登记仲裁机构设立为事业单位的情况：（1）是否将仲裁机构的决策机构设立为事业单位；（2）是否将仲裁机构的执行机构设立为事业单位
		3. 当地登记仲裁机构决策机构负责人是否为在职公务员或参公人员
		4. 当地注册登记仲裁机构决策机构组成人员是在职公务员或参公人员的比例

续表

一级指标	二级指标	三级指标
政府对仲裁的政策	支持仲裁机构发展的政策	5. 当地登记仲裁机构决策机构组成人员中非本地人员（户籍和经常居住地均不在本市）的占比
		6. 当地登记仲裁机构决策机构组成人员中境外人员（包括港澳台）的占比
		7. 是否调整当地登记仲裁机构收费为经营服务性收费
		8. 是否允许当地登记仲裁机构自主决定仲裁收入的使用
		9. 是否允许当地登记仲裁机构自主决定工作人员的薪酬：（1）不可以自主决定；（2）可以决定部分工作人员的薪酬；（3）可以决定所有工作人员的薪酬
		10. 是否允许本地登记仲裁机构自主聘用工作人员：（1）不可以自主决定；（2）可以决定部分工作人员的聘用；（3）可以决定所有工作人员的聘用
		11. 本地登记仲裁机构进行改革时，省（市）政府协助安置在职公务员或参公人员的情况：（1）不提供安置协助；（2）提供部分人员的安置协助；（3）提供所有人员的安置协助
		12. 是否允许国内其他地方登记的仲裁机构在本地设立分支机构或办事机构
		13. 是否允许境外仲裁机构在本地设立分支机构或办事机构
	支持涉外仲裁发展的举措	1. 省（市）政府对仲裁机构在本地引入外籍仲裁人才的优惠政策：（1）办理工作许可；（2）协助子女入学；（3）允许购买当地住房；（4）提供社会保障；（5）提供税收优惠；（6）其他
		2. 省（市）政府培养涉外仲裁人才的优惠政策：（1）提供涉外仲裁人才培养资金；（2）提供涉外仲裁人才研修课程；（3）提供涉外仲裁人才交流研修项目
		3. 以省（市）政府名义举办涉外仲裁会议（规模 50 人以上）情况（上一年度）
		4. 省（市）政府派员参加并发言的涉外仲裁会议（规模 50 人以上）情况（上一年度）

续表

一级指标	二级指标	三级指标
法院系统对仲裁的司法保障	仲裁的司法审查	1. 地方中院和省高院发布（包括单独或与其他机构联合）规范仲裁司法审查文件的情况（最近五年）
		2. 仲裁机构所在市的中院是否有相对固定的审判庭或专业法官处理仲裁司法审查案件
		3. 省高院是否有相对固定的审判庭或专业法官处理仲裁司法审查案件
		4. 对于拟撤销或者不予执行案件，是否有未按照最高人民法院司法解释规定逐级报核的情况（最近三年）
		5. 仲裁机构所在市的中院向省高院报核撤销及不予执行仲裁裁决被否定的比例（最近三年）
		6. 省高院向最高人民法院报核撤销及不予执行仲裁裁决被否定的比例（最近三年）
		7. 仲裁机构所在市的中院将仲裁协议效力、仲裁裁决撤销或不予执行仲裁裁决的裁判职能转交下级法院的情况（最近三年）
		8. 地方中院和省高院是否在公开仲裁裁决司法审查案件时对当事人信息进行脱密处理
	仲裁保全的办理	1. 仲裁机构所在市的地方法院是否办理过仲裁前财产保全。如果是，法院处理仲裁前财产保全与诉讼前财产保全申请的一致性：（1）财产保全担保方式是否一致；（2）所需资料是否一致；（3）裁定标准是否一致（最近三年）
		2. 仲裁机构所在市的地方法院是否办理过仲裁前证据保全。如果是，法院处理仲裁前证据保全与诉讼前证据保全申请的一致性：（1）证据保全类型是否一致；（2）所需资料是否一致；（3）裁定标准是否一致（最近三年）
		3. 仲裁机构所在市的地方法院是否办理过仲裁前行为保全。如果是，法院处理仲裁前行为保全与诉讼前行为保全申请的一致性：（1）所需资料是否一致；（2）裁定标准是否一致（最近三年）
		4. 仲裁机构所在市的地方法院是否办理过仲裁中财产保全。如果是，法院处理仲裁中财产保全与诉讼中财产保全申请的一致性：（1）财产保全方式是否一致；（2）所需资料是否一致；（3）裁定标准是否一致（最近三年）

续表

一级指标	二级指标	三级指标
法院系统对仲裁的司法保障	仲裁保全的办理	5. 仲裁机构所在市的地方法院是否办理过仲裁中证据保全。如果是，法院处理仲裁中证据与诉讼中证据保全申请的一致性：（1）证据保全类型是否一致；（2）所需资料是否一致；（3）裁定标准是否一致(最近三年)
		6. 仲裁机构所在市的地方法院是否办理过仲裁中行为保全。如果是，法院处理仲裁中行为保全与诉讼中行为保全申请的一致性：（1）所需资料是否一致；（2）裁定标准是否一致(最近三年)
		7. 仲裁机构所在市的地方法院裁定仲裁保全与诉讼保全的时间是否一致
		8. 经当事人申请，仲裁机构所在市的地方法院是否能提供与诉讼保全类似的财产查控服务
		9. 如果当事人保全材料有缺失，仲裁机构所在地的地方法院是进行一次性告知，还是直接退回
		10. 仲裁机构所在市的中院及省高院是否就自贸区范围内出台涉外仲裁临时措施的指导意见
	仲裁裁决的执行	1. 仲裁机构所在市的中院在执行仲裁裁决时，是否要求当事人除提供仲裁协议、仲裁裁决书和送达记录外的其他相关证明材料
		2. 仲裁机构所在市的中院承认与执行境外（包括港澳台）仲裁裁决的数量
		3. 仲裁机构所在市的中院是否将仲裁裁决的执行纳入法院的执行考核体系
		4. 仲裁机构所在市的中院在执行诉讼和仲裁文书时是否使用统一执行案号
	对在线仲裁的支持	1. 仲裁机构所在市的中院及省高院是否对审查在线方式作出的仲裁裁决出台指导意见
		2. 仲裁机构所在市的中院是否接受在线提交的保全申请与材料
		3. 仲裁机构所在地的中院是否接受在线提交执行申请与材料

续表

一级指标	二级指标	三级指标
仲裁机构的运作效度	仲裁机构规章制度完备程度	1. 是否包含以下规章制度：（1）仲裁员指定的工作流程规定；（2）仲裁秘书管理规定；（3）处理案件投诉规定；（4）仲裁收费办法；（5）办案程序规定；（6）专家咨询规定；（7）司法鉴定规定；（8）裁决核阅流程规定；（9）仲裁员利益冲突规定；（10）机构国际化发展规划
	仲裁机构的独立运作	1. 仲裁执行机构领导成员中行政编制或事业编制人员占比
		2. 仲裁执行机构领导成员中境外（包括港澳台）人员占比
		3. 仲裁执行机构工作人员中行政编制或事业编制人员占比
		4. 仲裁执行机构工作人员中境外（包括港澳台）人员占比
		5. 指定本仲裁执行机构人员担任仲裁员的情况（最近三年）
		6. 仲裁机构指定外地（户籍与经常居住地均不在本市）仲裁员（包括首席和边裁）审理案件的占比（最近三年）
	仲裁机构的业绩水平	1. 年度受案标的额（最近三年）
		2. 年度仲裁费收入（最近三年）
		3. 年度受理案件数量（不包括在线批量案件）（最近三年）
		4. 年内审结案件占比（最近三年）（计算方式为：年内结案数量/年内办理案件数量）
		5. 年度受理涉外案件数量占比（最近三年）（计算方式为：年度受理涉外案件数量/年度受理案件总数）
		6. 一方为非本地当事人案件数量的占比（最近三年）
		7. 双方均为非本地当事人案件数量的占比（最近三年）
		8. 一方为境外（包括港澳台）当事人案件数量的占比（最近三年）
		9. 一方为境外（不包括港澳台）当事人案件数量的占比（最近三年）
		10. 双方均为境外（包括港澳台）当事人案件数量的占比（最近三年）
		11. 双方均为境外（不包含港澳台）当事人案件数量的占比（最近三年）
		12. 境外（不包括港澳台）当事人国籍的种类（最近三年）

续表

一级指标	二级指标	三级指标
仲裁机构的运作效度	仲裁机构的业绩水平	13. 适用外国准据法的案件数量（最近三年）
		14. 适用外国准据法的种类（最近三年）
		15. 外语审理的案件数量（最近三年）
		16. 外语审理的语种（最近三年）
	仲裁机构的服务能力	1. 现任仲裁执行机构负责人领导能力与创新能力
		2. 仲裁秘书拥有法律专业研究生学历的占比
		3. 具有 3 年以上办案经验的仲裁秘书占比
		4. 熟练使用一种外语履行仲裁秘书职责的人员占比
		5. 仲裁信息化程度：（1）当事人可以网上立案及缴费；（2）当事人可以线上提供证据材料；（3）当事人可以选择线上开庭；（4）当事人可以选择电子送达；（5）仲裁庭可以线上推进仲裁程序
		6. 仲裁程序推进的质效评价
		7. 撤销仲裁裁决数量占比（最近三年）
		8. 不予执行仲裁裁决数量占比（最近三年）
	仲裁收费的合理化程度	1. 是否有多种可选的仲裁员报酬计费方式：（1）按标的计费；（2）按仲裁费比例计费；（3）按时计费；（4）其他方式
		2. 是否分别计算和收取仲裁员报酬与机构管理费
		3. 仲裁员报酬占仲裁费收入比例（计算公式：最近三年支付仲裁员报酬/仲裁费收入）
	仲裁机构运作的透明度	1. 是否公开机构备案登记情况
		2. 仲裁收费的透明度，包括当事人可以从公开渠道获得：（1）收费标准；（2）缴费方式；（3）退费标准；（4）退费方式

续表

一级指标	二级指标	三级指标
仲裁机构的运作效度	仲裁机构运作的透明度	3. 仲裁案件管理的透明度，包括当事人可以通过公开渠道（网站、电话、函询）获得：（1）立案流程指引；（2）案件程序指引；（3）投诉指引；（4）查档指引；（5）案件办理进度
		4. 公开机构裁决的仲裁司法审查情况：（1）是否公开撤裁情况；（2）是否公开裁决不予执行情况；（3）是否公开重新仲裁情况（上一年度）
仲裁规则的效用	仲裁规则体现当事人意思自治的程度	1. 是否明确规定当事人可以约定仲裁地
		2. 是否明确规定当事人可以约定其他仲裁规则
		3. 是否明确规定在涉外仲裁中当事人可以从名册外指定仲裁员
		4. 是否明确规定当事人可以约定庭审方式
		5. 是否明确规定当事人可以约定送达方式
		6. 是否明确规定仲裁庭有权决定审理措施
	仲裁规则市场契合度	1. 仲裁规则更新频率（自2000年以来）
		2. 是否有首席仲裁员产生的多种方式可选
		3. 是否有紧急仲裁员制度的规定
		4. 是否有临时措施的规定
		5. 是否有多份合同审理的规定
		6. 是否有合并仲裁的规定
		7. 是否有追加当事人的规定
		8. 是否有专家证人的规定
		9. 是否有为符合法律规定的临时仲裁案件提供管理服务的规定
		10. 是否有针对涉外仲裁的规定
		11. 仲裁规则创新的认可度
	不同语言文本的仲裁规则	1. 是否有英文版本
		2. 是否有英文以外的外国语言版本
	在线仲裁规则	1. 是否有针对视频开庭的规定
		2. 是否有电子证据的规定
		3. 是否有电子送达的规定

续表

一级指标	二级指标	三级指标
仲裁员的专业能力	仲裁员的非本地化	1. 非本市仲裁员占比
		2. 境外（包括港澳台）仲裁员占比
	仲裁员的多样化	1. 非本市仲裁员办案比例（最近三年）
		2. 境外（包括港澳台）仲裁员办案人次（最近三年）
		3. 仲裁员中在职公务员及参公人员占比
		4. 女性仲裁员占比
		5. 能够使用英语开庭审理案件的仲裁员占比
		6. 能够使用英语以外其他外国语言开庭审理的仲裁员占比
	仲裁员的能力建设	1. 当事人对仲裁员的评价
		2. 参与组庭的仲裁员占整体仲裁员的比例
		3. 年度仲裁员可以参加仲裁机构举办专业培训的次数（上一年度）
		4. 年度仲裁员可以参加仲裁机构举办其他交流活动的次数（上一年度）
市场主体的仲裁法律意识	对仲裁法律的认识	1. 仲裁法律服务知晓度
		2. 仲裁法律服务认可度
		3. 与本市民商事诉讼案件的比例（最近三年）
		4. 与本市涉外民商事诉讼案件的比例（最近三年）
	对仲裁机构的认识	1. 仲裁机构知晓度
		2. 仲裁机构服务认可度
区域法律服务体系的健全程度	配套法律服务机构密集度	1. 公证机构情况
		2. 司法鉴定机构情况
		3. 经本市司法行政机关或法院备案登记的商事调解机构情况
		4. 律师事务所情况
		5. 中国及外国法查明机构情况
	涉外人才密集度	1. 涉外律师情况
		2. 涉外业务公证员情况
		3. 涉外商事调解员情况
		4. 从当地获得高级法律翻译人才的难易程度

续表

一级指标	二级指标	三级指标
仲裁研究与人才培养情况	仲裁研究	1. 仲裁机构是否专门设立仲裁研究机构的情况
		2. 仲裁机构公开出版的纸质与电子仲裁研究书籍、研究报告、杂志（包括有刊号与无刊号）（最近三年）
		3. 仲裁机构委托其他机构或个人研究课题情况（最近三年）
	仲裁人才培养	1. 仲裁机构举办国际仲裁论坛情况（最近三年）
		2. 仲裁机构联合当地科研机构及大学开办国际仲裁课程情况（最近三年）

资料来源：本指标体系由课题组设计。

2. 评估考核

以上述评估指标体系为基础，评估以如下分值为考核标准：

平均分在 60 分以下的，为不合格；

平均分在 60—70 分的，为合格；

平均分在 70—80 分的，为中等；

平均分在 80—90 分的，为良好；

平均分在 90—100 分的，为优秀。

本书建议以三年为一个评估期间进行综合评估分析。对达到合格及以上标准的，基本符合区域性国际仲裁中心建设标准的中心，对照相关指标短板，在三年考核期内还应继续完善各方面的建设。

对低于合格标准的区域性国际仲裁中心，不再享受国际仲裁中心相关新政策但仍居于国际仲裁中心的序列，可对照标准要求在三年期限内补齐短板，三年届满后考核符合国际仲裁中心建设标准的，继续享受国际仲裁中心相关政策扶持。如三年届满后考核仍不达标，应退出国际仲裁中心序列。

对于达到合格及以上标准但未入选国际仲裁中心的，可进入推荐入选国际仲裁中心序列，或赋予准国际仲裁中心的地位，享受相应政策扶持。

五　区域性国际仲裁中心发展的智库建议

结合前述区域性国际仲裁中心的支撑要素及权重分析，围绕区域性国际仲裁中心建设的目标提出如下智库建议。

（一）制定先进的仲裁法律制度

先进的仲裁法律制度是仲裁事业发展的重要基石与支柱。中国现行仲裁法律制度是为适应社会主义市场经济发展需要、与国际上通行的仲裁制度接轨，在现行《中华人民共和国仲裁法》（以下简称《仲裁法》）框架下确立起来的。[①] 虽然《仲裁法》为中国商事仲裁脱离计划经济体制下的行政仲裁，逐步发展为以当事人意思自治为根本原则的现代商事仲裁体系提供了坚实的制度基石，但随着仲裁事业的发展，仲裁法律体系建设，尤其是有利于推动仲裁机构发展及国际仲裁中心建设的相关制度构建仍需进一步探索。

在中央立法层面，2018 年 9 月 7 日第十三届全国人大常委会将

① 国务院办公厅《关于印发〈重新组建仲裁机构方案〉、〈仲裁委员会登记暂行办法〉、〈仲裁委员会仲裁收费办法〉的通知》，国办发〔1995〕44 号。

《仲裁法》修订列入二类立法规划。[①] 2021 年 7 月 30 日，司法部公布第一份《仲裁法（修订）（征求意见稿）》，进一步加快修法步伐。[②] 在地方立法层面，值得关注的是，一些地方对完善仲裁机构的法律治理结构以及改进仲裁法律制度作出了有益探索。例如，2020 年 8 月 26 日深圳市人大常委会通过了《深圳国际仲裁院条例》（以下简称《深圳条例》），这一条例脱胎于深圳市政府颁布的《深圳国际仲裁院管理规定》。[③]《深圳条例》广泛借鉴了其他国家的仲裁法及仲裁机构管理规定，对地方立法推动仲裁事业发展迈出了第一步。2021 年 5 月 1 日，国内第二部以仲裁机构为特定对象的地方人大立法——《珠海国际仲裁院条例》也正式施行。[④]

根据《中华人民共和国立法法》第七十二条规定，“省、自治区、直辖市的人民代表大会及其常务委员会根据本行政区域的具体情况和实际需要，在不同宪法、法律、行政法规相抵触的前提下，可以制定地方性法规。设区的市的人民代表大会及其常务委员会根据本市的具体情况和实际需要，在不同宪法、法律、行政法规和本省、自治区的地方性法规相抵触的前提下，可以对城乡建设与管理、环境保护、历史文化保护等方面的事项制定地方性法规，法律对设区的市制定地方性法规的事项另有规定的，从其规定。设区的市的地方性法规须报省、自治区的人民代表大会常务委员会批准后施行。省、自治区的人民代表大会常务委员

① 2006 年将《仲裁法》修订列入全国人大立法规划，《十届全国人大及其常委会五年立法工作简述》，全国人大常委会法制工作委员会，2008 年 3 月 9 日，http://www. npc. gov. cn/npc/c238/200803/d7ca5b4634fb4 db98d5f8186dc827912. shtml。2009 年和 2017 年作细微立法修改，未有实质性修订。

② 《司法部关于〈中华人民共和国仲裁法（修订）（征求意见稿）〉公开征求意见的通知》，司法部，2022 年 2 月 2 日，http://www. moj. gov. cn/pub/sfbgw/zlk/202107/t20210730_432965. html。

③ 《深圳国际仲裁院条例》，2020 年 8 月 26 日第六届人民代表大会常务委员会第四十四次会议表决通过，2020 年 10 月 1 日实施。

④ 《珠海国际仲裁院条例》，2021 年 3 月 31 日珠海市第九届人大常委会第三十八次会议审议通过，2021 年 5 月 1 日实施。

会对报请批准的地方性法规，应当对其合法性进行审查，同宪法、法律、行政法规和本省、自治区的地方性法规不抵触的，应当在四个月内予以批准”。第七十三条规定，“地方性法规可以就下列事项作出规定：第一，为执行法律、行政法规的规定，需要根据本行政区域的实际情况作具体规定的事项；第二，属于地方性事务需要制定地方性法规的事项。除本法第八条规定的事项外，其他事项国家尚未制定法律或者行政法规的，省、自治区、直辖市和设区的市、自治州根据本地方的具体情况和实际需要，可以先制定地方性法规。在国家制定的法律或者行政法规生效后，地方性法规同法律或者行政法规相抵触的规定无效，制定机关应当及时予以修改或者废止。设区的市、自治州根据本条第一款、第二款制定地方性法规，限于本法第七十二条第二款规定的事项。制定地方性法规，对上位法已经明确规定的内容，一般不作重复性规定”。根据上述规定，省、自治区、直辖市的人民代表大会及其常务委员会根据本行政区域的具体情况和实际需要，在不同宪法、法律、行政法规相抵触的前提下，可以制定相关地方性法规。商事仲裁是多元化纠纷解决机制的重要组成部分，随着“一带一路”倡议的深入推进，商事仲裁的重要性越来越凸显。因此，围绕仲裁制度与仲裁体制机制的完善进行相关立法，将有利于仲裁事业的发展，推动区域性国际仲裁中心建设的进程。

根据中共中央办公厅、国务院办公厅印发的《关于完善仲裁制度提高仲裁公信力的若干意见》，“地方各级政府要认真履行仲裁法、有关非营利法人管理的法律法规和国务院有关规定确定的各项职责，保障仲裁法律制度的贯彻实施，有效提高仲裁公信力……省、自治区、直辖市政府要统筹好本行政区域内的仲裁工作，研究制定贯彻仲裁法和国务院关于仲裁工作政策的具体措施，各省、自治区政府要指导、监督仲裁委员会所在地的市政府和有关部门做好贯彻落实工作”。结合我国仲裁事业发展实际，提出如下六点智库建议。

第一，地方人大应充分行使立法权，通过区域性国际仲裁中心所在区域的仲裁机构的性质、决策机构、执行机构及相关业务范围等进行明确规定，提高仲裁公信力，助力仲裁事业发展。

地方人大应当根据国际仲裁中心所在区域的仲裁机构的体制机制进行立法规范，例如《深圳条例》的实施，一方面确定了深圳国际仲裁院的决策机制、内部管理机制、财务制度、人事管理制度以及相关业务范围，推动了深圳国际仲裁院体制机制的改革和完善；另一方面极大地增强了仲裁的公信力，对宣传仲裁制度、推动仲裁事业发展有着重要的促进作用。《珠海国际仲裁院条例》则立足大湾区建设、横琴粤澳深度合作区建设、横琴自贸片区建设的实际需要，在完善仲裁机构法人治理模式之外，还积极探索国际投资争端仲裁解决机制，规定了当事人可以约定选择适用仲裁院的仲裁规则、境内外其他仲裁机构的仲裁规则或者联合国贸法会制定的仲裁规则。此外，条例还引入了友好仲裁、临时措施、紧急仲裁员以及临时仲裁制度等国际仲裁机制。

结合现有国内实践经验，建议地方人大在区域性国际仲裁中心所在区域为形成良好的国际仲裁生态系统，出台促进仲裁发展的地方性法规或规范性法律文件。

第二，全国人大和地方人大充分行使立法权，通过区域性国际仲裁中心所在区域立法，以扩大纠纷可仲裁性为导向，将政府与投资者之间的国际投资争端及其他可调解的纠纷纳入仲裁范围。

近年来，国际投资的发展对世界经济面貌的改变起着越来越重要的作用，同时也引起了国际投资法和国际投资政策的巨大发展和变革。“国际经济法的主体包括私人、国家和国际经济组织，国际经济争端包括了这些主体之间在国际经济交往中产生的所有法律争端”①。随着国际私人投资呈几何式的快速增长，资本的国际流通已经成为当代国际经济发展中最为关切的问题之一，跨国投资的高涨不可避免地导致国际投资争端频频发生，因此国际投资争端的妥善处理是确保资本国际融通的

① 余劲松：《国际投资法》，法律出版社 2018 年版，第 311—312 页。

一个关键因素。[①] 国际投资仲裁机构的出现为各国非政治化解决国际投资争议作出了积极的努力，俨然已经成为解决投资争端的首选方案。目前，包括 ICSID 在内的现行国际投资争端解决机制以一般的国际商事仲裁为构建基础。对此，根据目前我国对投资仲裁的研究与相关探索，建议全国人大和地方人大充分行使立法权，通过区域性国际仲裁中心所在区域立法，以扩大纠纷可仲裁性为导向，将政府与投资者之间的国际投资争端及其他可调解的纠纷纳入仲裁范围。

第三，地方人大充分行使地方立法权，引入临时仲裁、紧急仲裁员等制度试点。

2016 年最高人民法院印发《关于为自由贸易试验区建设提供司法保障的意见》（以下简称《自贸区司法保障意见》），其中第九条规定："在自贸试验区内注册的企业相互之间约定在内地特定地点、按照特定仲裁规则、由特定人员对有关争议进行仲裁的，可以认定该仲裁协议有效。人民法院认为该仲裁协议无效的，应报请上一级法院进行审查。上级法院同意下级法院意见的，应将其审查意见层报最高人民法院，待最高人民法院答复后作出裁定。"[②] 该规定可以视为临时仲裁制度在自贸试验区的试点。但就《仲裁法》修订时增加临时仲裁的规定，仲裁法学界仍存一定争议。一种观点认为需要增加临时仲裁的规定，这也是大多数国家的通行做法。该观点的支持者认为，目前当事人和仲裁庭具备足够的经验来确保实现临时仲裁制度的特点和灵活性，并且实践表明临时仲裁在当今经济全球化的大趋势下具有极强的生命力和积极作用；另一种观点则认为，中国《仲裁法》不应当对临时仲裁进行规定。其中较具有代表性的理由是，建立临时仲裁需要各方面的条件，如社会完善的信用机制、强制执行力、仲裁自身的信誉和水平等，而这些条件目前

① 刘晶：《论中国国际投资争端解决机构的创建——以弥补 ICSID 机制缺陷为视角》，《巢湖学院学报》2020 年第 5 期。

② 最高人民法院法发〔2016〕34 号。

在中国还不是很成熟，因此在《仲裁法》中加入临时仲裁不应操之过急。[①] 对此，如何保障该制度的进一步落实，根据区域性国际仲裁中心的发展方向，建议地方人大、政协、仲裁机构等加强对自贸区仲裁制度的探索，进一步推动临时仲裁在中国的试点和实践，如可在区域性国际仲裁中心或自由贸易试验区内进行制度探索与先行先试，结合中国仲裁发展实际进行有限度的开放，进一步加大中国仲裁与国际接轨力度。

紧急仲裁员制度作为国际商事仲裁领域的一项探索与实践，为当事人在仲裁庭组成前请求处理相关程序性问题提供了更多的途径和选择，能够更好地便利当事人实现仲裁权利，保障当事人的合法权益。在中国，目前也存在多个仲裁机构在仲裁规则中引入紧急仲裁员制度，但由于中国《仲裁法》对紧急仲裁员制度并未进行相关规定，这就使机构仲裁规则关于该制度的司法实践与中国法律规定不相符，因而无法在中国发挥真正的作用。同时，中国引入紧急仲裁员制度的时间尚短，相关适用标准及运行程序还不完善，因此需要地方通过结合自贸区或其他制度创新的机制予以试点，总结经验，从而形成符合本土发展的相应仲裁机制与规则。

第四，地方人大充分行使地方立法权，赋予仲裁庭实施财产保全、证据保全、行为保全等临时措施的法定权利。

《中华人民共和国民事诉讼法》[②] 及《中华人民共和国仲裁法》[③] 对保全措施进行了明确规定，但在实践中仍存在各地及各级人民法院的

---

① 孙巍：《中国商事仲裁法律与实务（第二版）》，法律出版社 2020 年版，第 34 页。

② 参见《中华人民共和国民事诉讼法》第八十一条第二款规定“因情况紧急，在证据可能灭失或者以后难以取得的情况下，利害关系人可以在提起诉讼或者申请仲裁前向证据所在地、被申请人住所地或者对案件有管辖权的人民法院申请保全证据”。

③ 参见《中华人民共和国仲裁法》第二十八条规定“一方当事人因另一方当事人的行为或者其他原因，可能使裁决不能执行或者难以执行的，可以申请财产保全。当事人申请财产保全的，仲裁委员会应当将当事人的申请依照民事诉讼法的有关规定提交人民法院。申请有错误的，申请人应当赔偿被申请人因财产保全所遭受的损失”以及第四十六条“在证据可能灭失或者以后难以取得的情况下，当事人可以申请证据保全。当事人申请证据保全的，仲裁委员会应当将当事人的申请提交证据所在地的基层人民法院”。

实际操作要求不同、对仲裁机构提交财产保全和证据保全的相关文件规定不同等现象，仲裁保全难也成为目前仲裁案件办理中存在的痛点之一。此外，行为保全是否应当纳入仲裁保全措施中，目前中国《仲裁法》也未进行相关规定，导致实际操作中存在较多障碍。

美国、英国、德国、瑞士、新加坡、荷兰、韩国、巴西等国家的仲裁法律都明确规定了“双轨制”做法，仲裁庭与法院均享有决定保全措施的权力。[①] 为紧跟仲裁发展的形势，增强国际竞争力，中国一些大型仲裁机构已经尝试在不违反法律对保全措施的强制性规定的前提下，力求引进吸收目前国际仲裁发展的最新成果与先进制度，通过仲裁规则的“造法”功能对仲裁庭保全措施决定权问题进行创新规定。[②] 但是，仲裁规则的制度创新与仲裁庭决定保全措施的权力有限，实践中仍然存在当事人不能直接申请保全措施、仲裁庭决定的临时性措施难以得到承认与执行等问题。

同时，考虑到中国逐渐放开境外仲裁机构在境内设立业务分支机构，将出现境外仲裁机构根据其规则对临时措施作出的相关程序决定等能否在中国得到执行的困境。结合上述问题，建议地方人大充分考虑区域性国际仲裁中心建设的宗旨和目标，通过立法的形式赋予仲裁庭实施财产保全、证据保全、行为保全等临时措施的法定权利，同时应当充分考虑境外仲裁机构在中国开展业务过程中，在临时措施等方面的保障与认可。

第五，建议地方人大充分行使地方立法权，允许外国律师在代理仲裁案件过程中对中国法律发表意见，以促进中国区域国际仲裁与国际仲裁的深度融合发展。

2001 年 12 月 22 日国务院颁布的《外国律师事务所驻华代表机构管

---

① 房沫：《仲裁庭组成前的临时救济措施——以新加坡国际仲裁中心仲裁规则为视角》，《社会科学家》2013 年第 6 期。

② 李贤森：《中国国际商事仲裁中保全措施决定权分配的疑难问题与新近发展》，《武汉理工大学学报》2018 年第 6 期。

理条例》[①] 第十五条规定，“代表机构及其代表，只能从事不包括中国法律事务的下列活动：（一）向当事人提供该外国律师事务所律师已获准从事律师执业业务的国家法律的咨询，以及有关国际条约、国际惯例的咨询；（二）接受当事人或者中国律师事务所的委托，办理在该外国律师事务所律师已获准从事律师执业业务的国家的法律事务；（三）代表外国当事人，委托中国律师事务所办理中国法律事务；（四）通过订立合同与中国律师事务所保持长期的委托关系办理法律事务；（五）提供有关中国法律环境影响的信息。代表机构按照与中国律师事务所达成的协议约定，可以直接向受委托的中国律师事务所的律师提出要求”。《司法部关于执行〈外国律师事务所驻华代表机构管理条例〉的规定》[②] 第三十二条规定，“下列行为，应当认定为《条例》第十五条规定的‘中国法律事务’：（一）以律师身份在中国境内参与诉讼活动；（二）就合同、协议、章程或其他书面文件中适用中国法律的具体问题提供意见或证明；（三）就适用中国法律的行为或事件提供意见和证明；（四）在仲裁活动中，以代理人身份对中国法律的适用发表代理意见；（五）代表委托人向中国政府机关或其他法律法规授权的具有行政管理职能的组织办理登记、变更、申请、备案手续以及其他手续”。

同时，根据司法部办公厅关于对中国国际经济贸易仲裁委员会就《司法部关于执行〈外国律师事务所驻华代表机构管理条例〉的规定》所提建议回复意见的函：“你委就《司法部关于执行〈外国律师事务所驻华代表机构管理条例〉的规定》（以下简称《规定》）所提建议收悉。经研究认为：《规定》第三十二条第四项符合法规精神和我国对WTO 的承诺。《外国律师事务所驻华代表机构管理条例》（以下简称《条例》）第十五条和 WTO 法律服务减让表都明确表述了外国律师事务

① 《外国律师事务所驻华代表机构管理条例》，2001 年 12 月 19 日国务院第 51 次常务会议通过，2002 年 1 月 1 日起施行。

② 《司法部关于执行〈外国律师事务所驻华代表机构管理条例〉的规定》，2002 年 6 月 25 日部长办公会议审议通过，2002 年 9 月 1 日起施行。

所驻华代表处在中国境内提供的法律服务不包括中国法律业（事）务。《规定》第三十二条第四项是对第十五条的执行和对 WTO 承诺的履行所作的解释。该项规定的原义充分考虑并尊重了当事人意思自治、可自由选择仲裁代理人的国际仲裁基本原则和仲裁不同于诉讼的特点，并未禁止和否定代表处及其代表以代理人身份参与在华国际仲裁活动，也并不禁止代理涉及适用中国法律的仲裁案件，而仅就其以代理人身份在仲裁活动中对中国法律的适用以及涉及中国法律的事实发表代理意见或评论的行为作出了限制。《规定》限制代表处及其代表在仲裁活动中以代理人身份就中国法律发表具体意见或判断，也是为了确保被服务者得到高品质的中国法律服务。同时，这种限制的范围是较狭窄的，既不影响代表处及其代表对整个仲裁案件的代理，也能避免增加被服务者的费用，外国律师在代理涉及适用中国法律的仲裁案件中，有关中国法律的解释与判断，可以在中国律师的业务合作下解决。至于合作的方式，可以根据仲裁活动特点，具有一定的灵活性（例如可以预先请求中国律师出具法律意见书，可以聘请中国律师提出意见）。"

随着中国仲裁市场的放开，境外仲裁机构在中国设立业务分支机构已经在多地进行明确规定，驻华外国律师在仲裁活动中以代理人身份对中国法律的适用发表代理意见是否应当根据目前中国仲裁事业发展现状进行调整，需由司法部统筹考量。但考虑到区域性国际仲裁中心建设的宗旨及相关要求，建议在国际仲裁中心的范围内适当放开这一限制，以吸引更多的境外律师参与中国仲裁活动。

第六，建议全国人大可以对纳入区域性国际仲裁中心建设的地方立法机构进行仲裁法律制度改革试点的概括或单项授权。

在社会主义市场经济不断繁荣发展的大背景下，各地仲裁机构也在快速增长，但各家仲裁机构囿于体制机制的不同，发展情况各不相同。各仲裁委员会的体制并不统一，有的是独立的机构，有的挂靠在省市政府办公厅，也有的挂靠在司法厅。从财政管理模式看，有的仲裁机构实行全额拨款，有的实行差额拨款，有的实行自收自支，有的依法纳税，实行企业化管理。对仲裁员的监督以及对仲裁员合法权益的保护缺乏统一的制度规范。基于上述因素的影响，仲裁机构的发展遇到前所未有的阻力与障碍，仲裁委员会内部治理结构不完善、仲裁发展秩序不规范、仲裁国际竞争力不强、监督制约机制不健全、支持保障不到位等新情况新问题业已成为困扰仲裁事业发展的瓶颈，既不利于仲裁机构的健康持续发展，更不利于国际仲裁中心的建设及融入“一带一路”法律服务建设。

《若干意见》第九条明确规定积极稳妥推进仲裁委员会内部管理机制改革。对有改革需求和积极性的仲裁委员会，负责组建的政府要在坚持仲裁公益性、确保资产不流失的前提下，研究探索适应仲裁工作特点、有利于提高仲裁公信力和增进仲裁工作活力的内部管理机制改革，赋予仲裁委员会在人事、财务、薪酬制度等方面相应的自主权。但目前，各地仲裁机构体制机制改革基于各地区实际情况难易程度不同，改革的力度与深度也不相同，究其原因主要在于仲裁机构改革的特殊性导致其不同于其他政府部门。基于此，建议全国人大可以对纳入区域性国际仲裁中心建设的地方立法机构进行仲裁法律制度改革试点的概括或单项授权，加强区域性国际仲裁中心所在地仲裁机构体制机制改革的合法性与稳定性。

（二）加强仲裁的政策支持

政策体现了政府机关对某一事物的态度以及在不同态度指引下采取的不同措施。① 在社会生活中，政策以其独特的方式影响着社会生活的各个方面，发挥着其他行为规范不可取代的重要作用。随着经济的快速发展，商事仲裁在社会发展与经济贸易中发挥着越来越重要的作用，而政府机关也通过各种政策途径影响着本国商事仲裁的发展。如前文所

① 刘斌等:《政策科学研究》，人民出版社 2000 年版，第 2 页。

述，国家倡导模式下快速发展的新加坡国际仲裁中心就得益于新加坡政府对仲裁的政策支持。加强政府机关对仲裁的政策支持，是中国仲裁事业发展的重要保障。结合区域性国际仲裁中心建设的相关需要，提出如下五点建议。

第一，地方政府应采取措施保障仲裁机构在人事、财务、薪酬制度等方面的自主权，赋予仲裁机构更加灵活的管理机制体制。

目前，中国仲裁机构的财务制度存在较大差异，大多数的仲裁机构仍按照行政事业性收费，实行收支两条线的财务管理制度。但是，面对国内外仲裁市场竞争加剧、仲裁案件不断增多、仲裁队伍发展滞后等一系列问题，现有经费投入和使用标准已经在很大程度上制约了仲裁机构的日常业务运转，更无法满足区域性国际仲裁中心建设、提高仲裁竞争力和影响力的需求。同时，涉外人才短缺、缺乏有效的激励机制与薪酬制度，难以吸引高精尖人才也已经成为我国仲裁机构发展的制约因素。结合中国仲裁事业发展需要，围绕《若干意见》第九条“仲裁委员会可以根据自身发展实际情况，选择具体财务管理方式，经省级财政、税务、价格主管部门同意后实施，并接受财政、审计、税务、价格等部门的监督”的规定，借鉴国际仲裁机构的先进经验，建议地方政府应采取措施保障仲裁机构在人事、财务、薪酬制度等方面的自主权，赋予仲裁机构更多灵活的管理体制机制。例如，目前中国多地仲裁机构的收费制度已经调整为经营服务性收费，参照《企业财务通则》进行管理，依法纳税。财务预决算由决策机构进行决定，且接受财政、税务的审计和监督。这一灵活的收费制度激发了仲裁机构极大的发展潜力，服务水平与服务能力明显提升。

第二，国家税务总局应制定有利于仲裁发展的税收政策，对仲裁收费、仲裁员酬金等给予税收减免；或者给予地方政府制定相关政策的概括或单项授权。

中国《仲裁法》对仲裁机构的性质并未作出明确规定，但《若干意见》明确了仲裁机构的定位，即仲裁委员会是政府依据仲裁法组织有关部门和商会组建，为解决合同纠纷和其他财产权益纠纷提供公益性服务的非营利法人。对此，作为提供公益性服务的非营利法人，税务部门应当根据仲裁机构的特殊性与公益性，采取减税或免税等方式支持仲裁事业的发展。同时，建议国家税务总局制定有利于仲裁发展的税收政策，对仲裁收费、仲裁员酬金等给予税收减免；或者给予地方政府制定相关政策的概括或单项授权。

第三，人力资源和社会保障部应针对仲裁员、仲裁秘书制定相应职称政策，以吸引更多人才加入仲裁队伍；或者给予地方政府制定相关政策的概括或单项授权。

建设区域性国际仲裁中心，不仅需要政府的政策支持、仲裁机构体制机制改革等方面，也需要高素质、专业型国际商事仲裁人才，尤其是涉外人才的培养与引进。目前，各地区根据实际情况多采取与高校合作，采取订单式培养、设置奖学金、举办模拟仲裁比赛等方式，激励高校学生学习国际商事仲裁规则，锻炼学生运用国际商事仲裁规则解决实际问题的能力。此外，各地仲裁机构对仲裁员、仲裁秘书的培训力度与培训深度也逐渐增强，仲裁员、仲裁秘书的综合水平逐年提升。但同时，也应看到中国在培养和吸引涉外仲裁人才的政策缺失的实际问题。对此，建议人力资源和社会保障部针对仲裁员、仲裁秘书制定相应职称政策，以吸引更多人才加入仲裁队伍；或者给予地方政府制定相关政策的概括或单项授权。地方政府可以为区域性国际仲裁中心吸引仲裁专业人才提供资金、落户、住房等保障和激励措施。

第四，国家外事部门应对区域性国际仲裁中心的境外组成人员、在册境外仲裁员以及在区域内设立的境外仲裁业务机构的境外工作人员和仲裁员入境履职给予签证、工作许可、临时居留等方面的政策支持；或者由地方政府制定相关政策的概括或单项授权。

随着“一带一路”倡议的不断推进，越来越多的境外仲裁机构在中国境内设立代表处或办公室。由于目前相关政策的不配套，无法满足境外仲裁机构在中国设立业务分支机构、在中国从事仲裁工作等方面的实际需求。据此，根据对 SIAC、HKIAC、ICC 仲裁院等国际知名仲裁机构的深入了解，建议国家外事部门在国际仲裁中心的境外组成人员、在册境外仲裁员以及在区域内设立的境外仲裁业务机构的境外工作人员和仲裁员入境履职给予签证、工作许可、临时居留等方面的政策支持；或者由地方政府制定相关政策的概括或单项授权，如针对涉外仲裁法律人才或境外仲裁员在区域性国际仲裁中心履职、临时居留等方面出台相应政策支持。

第五，地方政府应将国际仲裁中心建设纳入省市国民经济与社会发展五年规划，统筹规划和推进区域性国际仲裁中心的建设；将区域性国际仲裁中心建设纳入区域经济发展规划，与区域经济社会发展中心工作同部署同落实。同时，将区域性国际仲裁中心建设纳入所在区域营商环境评估指标体系，便于提升区域性国际仲裁中心的作用和对区域性国际仲裁中心的建设考核。

2019 年 10 月 8 日国务院通过《优化营商环境条例》（2020 年 1 月 1 日起施行）。其中第六章第六十六条规定："国家完善调解、仲裁、行政裁决、行政复议、诉讼等有机衔接、相互协调的多元化纠纷解决机制，为市场主体提供高效、便捷的纠纷解决途径。"区域性国际仲裁中心的发展直接影响着所在区域法治营商环境的建设情况，要将区域性国际仲裁中心的发展纳入省市"十四五"规划，为区域性国际仲裁中心建设提供顶层设计支撑。同时，将区域性国际仲裁中心建设纳入所在区域营商环境评估指标体系，便于提升区域性国际仲裁中心的作用和对区域性国际仲裁中心的建设考核。此外，建议地方政府将区域性国际仲裁中心建设列入重要议事日程，纳入本地经济社会发展中心工作规划，牵头建立区域性国际仲裁中心工作机制，研究出台区域性国际仲裁中心建设相关政策，加强政策协调、人才发展、资源统筹、对外交流等工作。地方政府应当为区域性国际仲裁中心开展相关业务提供资金、落户、人才、办公用房等保障和激励措施，鼓励和支持设立区域性国际仲裁中心建设发展专项资金。

（三）提升仲裁的司法保障

仲裁司法监督作为仲裁程序的“防护线”和“安全阀”，在很大程度上影响着仲裁的发展。最高人民法院也发布意见，要求加强与仲裁机构对接，积极支持仲裁制度改革。近年来，最高人民法院和地方各级人民法院不断提升仲裁司法审查案件质量，加大与仲裁机构的对接力度，提高对仲裁裁决的支持力度，有效地促进了中国仲裁事业的健康有序发展。然而，实践中仍存在较多问题，主要表现在以下两个方面。

第一，人民法院缺乏对仲裁的深度认知，部分法官不了解仲裁程序中当事人意思自治与效率优先的特性，依照审理诉讼案件的习惯，从法律实质正义的角度评判案件，结果反而影响了仲裁的公正与效率。部分法官对于司法监督是一种补充监督而不是民事案件的上诉机制的认识依然模糊，对于仲裁案件实施过度审查。[①] 此外，人民法院和仲裁机构的信息不畅，导致仲裁机构、仲裁规则难以得到快速、客观的查询，人民法院对仲裁机构的相关创新服务缺乏全面而深入的了解与掌握。

第二，仲裁员与法官的法律认知有待进一步统一。仲裁员与法官在法律认知方面的不同主要体现在可仲裁的事项方面，仲裁庭认为可仲裁事项的范围更宽泛，而法官对可仲裁事项的理解较窄。这与近年来仲裁机构日益增多、仲裁业务面临市场竞争等有一定的关系，主要表现在：其一，对仲裁协议的范围理解更广，如合同解除后与合同有关的涉案标的能否继续通过仲裁处理。其二，仲裁机构对“无权仲裁”事项的认识不一致，如在相关司法解释出台前，有仲裁机构对行政协议产生的纠纷进行了仲裁。股东代表诉讼应属于人民法院管辖的范围，但仲裁机构

---

① 王建敏、卢建莉：《明辨理念梳理规则　提升审查工作质效——陕西省高级人民法院关于仲裁司法审查报核案件审查情况的调研报告》，《人民法院报》2020年10月22日第8版。

进行了裁决。[①]

此外，人民法院对重新仲裁的认定在实践中具有明显的不一致性。目前，学界与实务界针对重新仲裁争议较大的是，2005 年《仲裁法司法解释》第二十一条规定的人民法院在仲裁案件存在伪造证据或隐瞒证据的情形下可以重新仲裁，是应理解为对可重新仲裁情形的穷尽列举还是仅为部分列举。根据参与起草最高人民法院《仲裁法司法解释》人士的观点，第二十一条旨在将重新仲裁的适用限制在明确的伪造、隐瞒证据两种情形，以期“避免和减少重新仲裁适用的随意性……提高重新仲裁案件质量，更好地维护当事人的合法权益”[②]。但在实务中，人民法院认定重新仲裁的情形并不限于 2005 年《仲裁法司法解释》第二十一条的规定，裁定重新仲裁的情形较为多样，远超司法解释第二十一条规定的两项理由。实际适用情形包括援引《仲裁法》规定的撤销仲裁裁决情形认定重新仲裁，抑或在一些案件中，法院基于对重新仲裁政策价值的理解，基于提高纠纷解决、纠正实体错误等原因也会裁定重新仲裁。[③] 目前，虽有明确的法律规定，但人民法院超出法律规定裁定重新仲裁的情形已不罕见。

据此，结合国际仲裁中心建设的要求与司法审查相关规定，提出如下七点建议。

第一，最高人民法院应就区域性国际仲裁中心所在区域开展国际仲裁相关的境内境外保全、仲裁执行等出台司法解释或指导意见，统一各地执法标准，不对诉讼案件和仲裁案件区别对待，以体现对仲裁的支持。同时，建议法院系统统一诉讼和仲裁案件保全、执行的案号，不对

---

① 王建敏、卢建莉：《明辨理念梳理规则　提升审查工作质效——陕西省高级人民法院关于仲裁司法审查报核案件审查情况的调研报告》，《人民法院报》2020 年 10 月 22 日第 8 版。

② 沈德咏、万鄂湘主编：《最高人民法院仲裁法司法解释的理解与适用》，人民法院出版社 2016 年版，第 15、189 页；另见陆效龙、吴兆祥《〈关于适用仲裁法若干问题的解释〉的理解与适用》，《人民司法》2006 年第 10 期。

③ 边永民、王资文：《我国法院适用重新仲裁制度的实证研究》，《商事仲裁与调解》2020 年第 4 期。

诉讼案件和仲裁案件区别对待，以体现对仲裁的支持。

目前，中国仲裁审查制度的具体操作不规范，赋予了审判人员和执行人员大量的自由裁量权。在司法实践中，审判人员、执行人员经常根据其主观判断来审查撤销仲裁裁决或不予执行的申请，导致一些原本正确的仲裁裁决被撤销或不予执行。[①] 此外，各地人民法院对仲裁程序中财产保全、证据保全的具体要求、操作规范各不相同，导致当事人在不同区域、不同仲裁机构申请保全的程序不同，极大地影响了仲裁程序的推进和仲裁公信力的提升。基于此，建议最高人民法院就区域性国际仲裁中心所在区域开展国际仲裁相关的境内境外保全、仲裁执行等出台司法解释或指导意见，统一各地执法标准。同时，为了加强司法对仲裁的支持力度，建议法院系统统一诉讼和仲裁案件保全、执行的案号，不对诉讼案件和仲裁案件区别对待。建议最高人民法院尽快出台仲裁机构与人民法院仲裁前保全的对接配套措施，确保仲裁保全工作的顺利推进。

第二，最高人民法院应出台相关规范，统一仲裁司法审查的裁量标准。

最高人民法院可根据仲裁司法审查实践中的新情况、新问题，以司法解释的形式对仲裁司法审查中存在的法律适用难点进行规范，统一裁量标准。同时，各地高级人民法院应在现有法律法规的框架下，梳理辖区内仲裁司法审查案件，明确法律规范适用规则及裁判逻辑，建立辖区内统一的仲裁司法审查指引，指导法官在审查案件时正确理解并适用法律，具体应包括仲裁协议无效情形及《仲裁法》第五十八条规定的撤销仲裁裁决情形的裁判思路、方法及适用范围等规范。定期整理并公布具有一定引领示范作用的典型案件，通过案例明确仲裁司法审查的方向指引和规范准则，在提升仲裁司法审查整体水平的基础上，亦对仲裁过

① 乔丽荣：《仲裁裁决执行难的成因及解决对策》，《山西省政法管理干部学院学报》2019 年第 3 期。

程及裁决起到一定的指导作用。[①]

第三，最高人民法院应制定有关临时仲裁裁决和互联网仲裁裁决执行的司法解释或指导意见，以明确对临时仲裁与互联网仲裁的司法监督尺度。

2016 年最高人民法院印发《自贸区司法保障意见》，第八条规定："完善司法审查、司法确认制度，支持自贸试验区的多元化纠纷解决机制。鼓励运用仲裁、调解等多元化机制解决自贸试验区民商事纠纷，进一步探索和完善诉讼与非诉讼相衔接的矛盾纠纷解决机制。支持仲裁机构、人民调解委员会、商事和行业调解组织的创新发展，为多元化解决自贸试验区民商事纠纷提供司法便利。"第九条规定："在自贸试验区内注册的企业相互之间约定在内地特定地点、按照特定仲裁规则、由特定人员对有关争议进行仲裁的，可以认定该仲裁协议有效。人民法院认为该仲裁协议无效的，应报请上一级法院进行审查。上级法院同意下级法院意见的，应将其审查意见层报最高人民法院，待最高人民法院答复后作出裁定。"但目前关于自贸区仲裁制度的建立与仲裁实践仍处于探索中。上海国际经济贸易仲裁委员会（上海国际仲裁中心）设立了上海自贸区仲裁院，并发布了《中国（上海）自由贸易试验区仲裁规则》；天津仲裁委员会设立了自贸国际仲裁中心，并发布了《天津仲裁委员会自由贸易仲裁暂行规则》；中国海事仲裁委员会设立了自贸区仲裁中心；郑州仲裁委员会设立了郑州国际商事仲裁院；西安仲裁委员会设立了陕西自贸区仲裁院；重庆仲裁委员会设立了自贸区仲裁中心；厦门、福州等地仲裁机构设立了相应分支机构、发布了自贸区仲裁规则。此外，多地人民法院也发布了相关自贸区司法保障意见，但在具体实践中仍存在立法缺失、制度不匹配等问题。对此，建议最高人民法院制定有关临时仲裁裁决执行的司法解释或指导意见，以明确对临时仲裁的司

① 王建敏、卢建莉：《明辨理念梳理规则　提升审查工作质效——陕西省高级人民法院关于仲裁司法审查报核案件审查情况的调研报告》，《人民法院报》2020 年 10 月 22 日第 8 版。

法监督尺度。

此外，近年来中国互联网仲裁的迅猛发展已经成为仲裁事业发展中不可忽视的重要组成部分。互联网仲裁相比于传统的线下仲裁，极大地节约了仲裁成本、缩短了仲裁裁限。目前，中国多地仲裁机构发布《网上仲裁规则》《互联网仲裁规则》等，用以解决网上仲裁纠纷。但是，由于互联网仲裁是仲裁纠纷解决方式的新态势，各地仲裁机构的互联网仲裁业务发展程度不同，对互联网仲裁的审查与案件办理标准未形成统一标准。此外，各地法院对于电子合同与电子证据的认可程度并不统一，导致互联网仲裁案件被多地法院裁定不予执行。为此，建议最高人民法院制定有关互联网仲裁裁决执行的司法解释或指导意见，以明确对互联网仲裁的司法监督尺度。

第四，建议仲裁司法审查增强保密性，对司法审查裁定书采用不上网或隐去当事人名称后再行公开的方式，保护当事人的隐私与商业秘密。

仲裁具有充分体现当事人意思自治、高效便捷、一裁终局、保密性、灵活性、专业性、管辖恒定性、域外执行力强等诸多法律特征。其中，保密性是当事人选择仲裁的重要原因之一。“目前制度的现实使得对保密性的保护成为一种无效的努力。主要表现在：其一，保密性常常被法院的执行与异议程序所破坏。”① 中国《仲裁法》第四十条明确规定“仲裁不公开进行。当事人协议公开的，可以公开进行，但涉及国家秘密的除外”。因此，对当事人信息及案件情况的保密贯穿仲裁程序的始终，例如仲裁案件的庭审保密、仲裁裁决不进行公开等。但是，目前在中国司法审查案件中，对当事人信息的保密仍存在较多问题，法院最终出具的民事裁定书中包含了仲裁当事人名称、仲裁协议、案件事实等其他信息。随着上述信息的公开，当事人的隐私、商业秘密也被公开，严重影响了仲裁保密性原则。同时，区域性国际仲裁中心的建立，

---

① 何艳华：《质疑与回应：国际商事仲裁的保密性》，《法治研究》2010 年第 9 期。

将会吸引越来越多的国内外仲裁机构入驻，仲裁司法审查的保密性需要考虑国内与国际仲裁的实际需求，参照国际通行做法实施。目前，新加坡法院在仲裁司法审查案件中，对仲裁案件的当事人会做隐名处理，通过对当事人姓名进行技术化处理的方式来保护当事人的商业隐私，新加坡2019年7月1日公布了一个关于国际仲裁案件的高等法庭判决：BNA v BNB［2019］SGHC 142，该判决中BNA和BNB均为化名。

据此，建议人民法院考虑仲裁事业发展实际，借鉴新加坡法院对仲裁司法审查案件的做法，对区域性国际仲裁中心内人民法院受理的仲裁司法审查案件，民事裁定书在上网或公开前采取隐去当事人名称等保密方式，充分保护当事人的商业秘密，使仲裁保密性贯穿于仲裁程序和司法审查程序的全过程。

第五，法院系统引入仲裁专家协助仲裁司法审查，尤其是对临时仲裁裁决以及互联网仲裁裁决的司法审查，以提升仲裁司法审查的专业与效率。

根据前文所述，仲裁与诉讼作为两种不同的纠纷解决方式，在审理理念、送达程序、人员组成、开庭方式等方面存在较大差异，导致法官在司法审查案件中的审理思路较多地采用民事诉讼法的思维。但是，中国目前并未组建一批深谙仲裁制度、熟悉国际仲裁的法官。同时，随着互联网仲裁、临时仲裁在中国的试点与实践，仲裁司法审查与司法监督需要越来越多的专业型法官来推动仲裁事业的发展。基于仲裁事业发展与培养一批掌握仲裁制度的法官之间存在长期矛盾的现状，建议充分发挥专家在仲裁程序，尤其在司法审查程序中的积极作用，在法院系统引入仲裁专家协助仲裁司法审查，尤其是对临时仲裁裁决以及互联网仲裁裁决的司法审查，以提升仲裁司法审查的专业与效率。

第六，法院系统在必要情况下，经仲裁庭同意，依当事人申请对仲裁程序中的调查取证工作予以协助。

中国《仲裁法》第四十三条规定“当事人应当对自己的主张提供证据。仲裁庭认为有必要收集的证据，可以自行收集。”在实践中，当事人常根据该条法律规定，参照中国《民事诉讼法》的相关规定，向仲裁庭提出调取证据的申请。但是，在实践中无法保障仲裁庭有效行使调查取证权，导致案件事实无法查清，仲裁裁决久拖不决的情形常有发生。① 对此，建议法院系统在必要情况下，经仲裁庭同意，依当事人申请对仲裁程序中的调查取证工作予以协助。

第七，最高人民法院应出台相关文件支持诉讼与仲裁对接。

目前，最高人民法院虽然出台相关文件支持仲裁事业发展及诉讼与仲裁制度的衔接，但随着互联网仲裁、临时仲裁及境外仲裁机构的入驻，诉讼与仲裁衔接的新问题、新情况不断涌现。因此，建议最高人民法院充分考虑仲裁事业发展的不同阶段，出台相关文件支持诉讼与仲裁对接。

（四）改革仲裁机构管理与运行方式

在中国，仲裁机构是政府依据《仲裁法》组织有关部门和商会组建，为解决合同纠纷和其他财产权益纠纷提供公益性服务的非营利法人。由于在 1995 年《仲裁法》正式实施之前，中国的商事仲裁属于行政性仲裁，而非以当事人意思自治为核心的自愿性仲裁，导致提供商事仲裁法律服务的仲裁机构一直带有强烈的行政色彩。到目前为止，仲裁委员会的主体资格问题仍未解决，没有法律法规就仲裁委主体资格问题明确定性。全国多数仲裁委员会由其办公室或办事处或秘书处作为日常办事机构来解决仲裁开户、收费、完税、工资发放、仲裁程序以及相关后勤保障事宜。就仲裁机构办事机构设置而言，全国

---

① Michael Ostrove, Claudia T. Salomon, Bette Shifman, et al., "Choice of Venue in International Arbitration", Oxford: Oxford University Press, 2014, pp. 8 - 10；另见崔起凡：《论国际商事仲裁中取证的法院协助——兼论我国相关制度的缺失与构建》，《国际商法论丛》2013 年第 1 期；汪祖兴：《民事诉讼证据规则与仲裁证据规则的差异性解读》，《广东社会科学》2005 年第 4 期。

参差不齐，有的是参公单位、有的是全额拨款事业单位、有的是差额补款事业单位、有的实行全额自收自支，还有的是以理事会为决策主体、仲裁委为事业单位法人的单位。[①] 仲裁私法自治的本性决定了仲裁机构的非官方性和独立性，而中国仲裁机构与政府以及机构设立人之间的关系无法厘清。仲裁机构与行政机关界限模糊，仲裁机构法律性质不明问题正在使仲裁机构面临丧失独立法人地位、背离《仲裁法》立法精神、在激烈的国际仲裁市场竞争中完全缺位等风险。[②] 为此，《若干意见》第五条至第九条对仲裁委员会的决策机构、执行机构、仲裁员管理、仲裁秘书队伍建设提出了要求。

借鉴国际知名仲裁机构的先进经验，结合中国经过改革后仲裁事业发展较快的仲裁机构的体制机制，提出如下四点建议。

第一，区域性国际仲裁中心建立面向全球或特定区域的仲裁机构决策组织，优化委员会（或称“理事会”）组成，从全球或全国范围公开择优遴选专业人士。在委员会组成人员上，区域内委员占比不超过40%、区域外委员占比不低于60%，其中境外及国外委员占比不低于30%。发挥委员会或理事会的决策作用，完善决策层人员的选任制度，将具有较高专业水平、外语知识和丰富仲裁实践经验的专业人士推荐到决策层。

决策部门是仲裁机构的管理核心，决定着仲裁事业未来发展方向。中国仲裁制度创立之初，各地仲裁机构均在相关政府的支持下组建，并根据中国《仲裁法》第十二条的规定设立委员会这一决策机构，即：仲裁委员会由主任一人、副主任二至四人和委员七至十一人组成。仲裁委员会的主任、副主任和委员由法律、经济贸易专家和有实际工作经验的人员担任。仲裁委员会的组成人员中，法律、贸易专

① 张朝勇：《我国仲裁机构设置与市场化改革研究》，《商事仲裁与调解》2021年第1期。

② 姜丽丽：《谈我国仲裁机构的法律属性及其改革方向》，《比较法研究》2019年第3期。

家不得少于2/3。但是，在仲裁事业发展过程中，仲裁委员会的执行机构，即仲裁委员会办公室或秘书处实际管理仲裁机构的日常事务，逐渐形成“委办分离”“委虚办实”的困境，导致仲裁委员会的决策机构名存实亡。为解决这一难题，坐实仲裁委员会，应该强化委员会对仲裁机构预决算、仲裁员聘任、章程修改等仲裁机构重大事务的决策地位和作用。同时，充分考虑区域性国际仲裁中心建设的要求与国际仲裁发展需要，借鉴国际知名仲裁机构的先进经验，建议区域性国际仲裁中心建立面向全球或特定区域的仲裁机构决策组织。决策机构成员应当在全球范围内遴选，由具有较高专业水平、外语知识和丰富仲裁实践经验，具有高超团队管理和跨文化沟通能力，具有较高业内声望的专业人士担任委员会组成人员。

第二，仲裁机构的收费市场化。推进仲裁收费体制改革，将行政指导定价的仲裁收费方式变更为市场指导定价的收费方式，即退出行政事业收费模式，转为经营服务性收费模式。同时，按照国际通行的惯例和标准，仲裁机构可以选择实行仲裁员报酬和仲裁机构管理费分别计算和收取模式。

目前，中国各地仲裁机构的收费方式大多为仲裁受理费及处理费，仲裁收入按照行政事业性收费，实行收支两条线，或者自收自支，但也受到相应限制。面对国内外仲裁市场竞争、仲裁案件不断增多、仲裁人才“引不进、留不住”的现状，仲裁事业发展举步维艰。基于此，改善目前收费方式是推动仲裁改革的重要环节。实行市场化收费方式，根据国际通行管理，实行仲裁员报酬和仲裁机构管理费分别计收的模式，将极大地吸引境外专业仲裁员、获得国际仲裁机构法律顾问的青睐。①

① 2019年7月15日北京仲裁委员会审议并通过了新版《北京仲裁委员会仲裁规则》（2019年9月1日起施行）。本次修订的最大亮点是对仲裁收费制度作出了重大改革，明确将仲裁费用分为仲裁员报酬和机构费用。

第三，仲裁机构应按照市场模式公开选聘境内优秀人才进入仲裁管理岗位或担任专业仲裁秘书。同时，根据涉外业务需求选聘境外优秀人才担任专业仲裁秘书。

《若干意见》第八条规定，“赋予仲裁委员会用人自主权，具备条件的可以按照市场化模式和岗位需要选聘、管理仲裁秘书。研究制定完善仲裁秘书岗位聘用、职级晋升方面的有关政策，建立符合仲裁行业特点的秘书队伍分类分级管理制度和以品德、能力、贡献为导向的评估考核机制。完善仲裁工作人员薪酬评估、调整机制，形成‘引得进、留得住、用得好’的奖励激励机制。加强仲裁秘书的业务能力培训和职业操守教育，提高仲裁秘书服务仲裁庭和当事人的能力，建立操守规范、业务精湛的仲裁秘书队伍”。目前，中国各地仲裁机构针对机构内仲裁秘书的培训机制与激励机制各不相同，导致由此产生的仲裁秘书的综合水平、管理仲裁程序的能力等参差不齐。基于此，建议区域性国际仲裁中心所在仲裁机构按照市场模式公开选聘境内优秀人才进入仲裁管理岗位或担任专业仲裁秘书。同时，根据涉外业务需求选聘境外优秀人才担任专业仲裁秘书。另外，区域性国际仲裁中心的仲裁机构可联合搭建仲裁秘书培训与培养平台，加强仲裁秘书的统一化、规范化、职业操守等方面的培训，提升仲裁秘书的涉外案件管理水平，从而提升我国区域性国际仲裁中心建设的整体服务能力。

第四，仲裁机构应改革仲裁薪酬体制，建立基本工资加绩效奖励的薪酬制度。

目前，中国仲裁机构薪酬制度各不相同，而薪酬制度是直接影响仲裁工作人员积极性与创造性的重大因素，因此，建议仲裁机构改革仲裁薪酬体制，建立基本工资加绩效奖励的薪酬制度。同时，借鉴先进经验，把仲裁机构工作人员与仲裁秘书的薪酬标准、绩效奖励标准等分类分级，采取不同的绩效认定方式，引入评估机构对同行业同领域的薪酬制度进行第三方评估，在此评估基础上客观、科学的薪酬制度，并根据仲裁事业发展的需要不断进行完善和调整，以期引得进、留得住优秀仲裁人才。

（五）优化仲裁规则

仲裁规则是对仲裁活动应当如何进行的一整套程序性规定。其调整的事项主要包括仲裁程序的启动、仲裁庭的组成、仲裁员的权力与责任、仲裁文书、案件审理过程、仲裁庭的决定、裁决以及仲裁费用等等。仲裁规则的制定主体主要为仲裁机构，国际上主流的仲裁机构都有自己的仲裁规则。在某一特定的仲裁程序中应该适用何种仲裁规则，通常由当事人之间的仲裁协议确定。因此，仲裁规则也被称为当事人意思自治的延伸。[①] 根据区域性国际仲裁中心建设的要求，为适应国家全面开放新格局和重大发展战略需要，积极开展“一带一路”国际商事争端解决与相关法律制度研究，借鉴国际知名仲裁机构仲裁规则的研究成果与先进经验，提出如下三点建议。

第一，制定与国际接轨的仲裁规则。借鉴国际仲裁的经验与做法，建立适应现代国际经贸发展和国家对外开放需要的仲裁规则，使国内仲裁与国际仲裁理念更接近，制度衔接更顺畅。

为了更好地保护当事人的意思自治，提高仲裁的质效，增强中国仲裁机构的综合竞争力与国际化水平，中国多地仲裁机构对仲裁规则进行了修改和完善，并进行了有益的探索。目前，多家仲裁机构在仲裁规则中新增了关于追加当事人、多份合同仲裁、临时措施、紧急仲裁员制度等规定。例如，北京仲裁委员会为进一步增强国际争议解决服务的竞争力，在制定 2015 年版仲裁规则时借鉴国际仲裁的经验，增加或修改了仲裁地、仲裁语言的确定、收费办法、临时措施、紧急仲裁员、友好仲裁等相关规定。对此，建议区域性国际仲裁中心所在

① 孙巍：《中国商事仲裁法律与实务（第二版）》，法律出版社 2020 年版，第 119 页。

的仲裁机构应当借鉴先进的经验和做法，制定或修改与国际接轨的仲裁规则，同时持续关注国际仲裁的动态与发展趋势，不断完善仲裁规则，提升综合竞争力。

第二，仲裁中心所在区域仲裁机构针对不同行业的特点，深入研究行业交易惯例及纠纷特征，制定专业的行业仲裁规则、专业的仲裁员名册，为不同行业提供精细化、定制化的仲裁服务。

专业仲裁规则的制定，是指仲裁机构针对不同领域、不同行业制定符合行业发展、满足当事人需求的仲裁规则。目前，中国多地仲裁机构除制定普适性仲裁规则外，还在金融、互联网、物流、知识产权等领域制定专业仲裁规则。例如，深圳国际仲裁中心在2019年版仲裁规则正式实施的同时，进一步在金融仲裁、网络仲裁、医疗仲裁领域探索，制定了《深圳国际仲裁中心金融借款争议仲裁规则》《深圳国际仲裁中心网络仲裁规则》《深圳国际仲裁中心医疗争议仲裁规则》，以满足特定行业的实际需要，在仲裁专业化层面深耕细作，为市场主体提供更加精细化的服务。因此，智库建议区域性国际仲裁中心所在区域仲裁机构应当深入研究不同行业的特征与相关服务要求，制定专业的仲裁规则，同时为不同领域选聘行业内专家、学者等加入仲裁员队伍，提高仲裁服务的针对性与高效性。

第三，适当整合区域性国际仲裁中心内不同仲裁机构的仲裁规则，便于境内外当事人熟悉中国仲裁法律制度和仲裁规则。在司法实践中，常存在当事人、人民法院无法在官方网站查询到仲裁机构的现行与历届仲裁规则的情况，当事人起草合同之前了解各地仲裁机构仲裁规则存在较多不便。对此，建议整合区域性国际仲裁中心内不同仲裁机构的仲裁规则，并梳理相关释义和规则说明，由相关政府或仲裁中心联合发布上述规则，便于境内外当事人熟悉中国仲裁法律制度和仲裁规则。

（六）培养仲裁员的专业能力

仲裁员是仲裁程序的主持人和仲裁实体的决定者。在实践中，解决商事争议具有较强的专业性，争议的解决直接影响当事人的权利义务，尤其是面对复杂的商事争议时，仲裁员的专业性直接影响仲裁案件的质量与办理效果。因此，仲裁机构在选聘仲裁员时，一方面要考虑到仲裁员的专业性，另一方面也需要根据不同业务性质、矛盾纠纷解决需求进行聘任，此外，仲裁员的职业道德与个人威望也是仲裁机构选聘仲裁员需要考量的因素之一。根据目前中国仲裁机构选聘仲裁员存在的相关问题，提出如下三点建议。

第一，仲裁机构应提高区域外仲裁员比例，消减地方利益关联。同时提高境外仲裁员比例，建立国际化仲裁员队伍。

根据区域性国际仲裁中心的建设要求，以及商事仲裁的发展趋势，越来越多的涉外商事纠纷将通过仲裁来解决。对此，区域性国际仲裁中心所在的仲裁机构应当破除地域，提高区域外仲裁员比例，拓展仲裁员选聘途径及选聘区域，提高境外仲裁员的比例，建立专业化、国际化的仲裁员队伍。

第二，仲裁机构应将仲裁员报酬与仲裁机构服务收费分离。

仲裁员费用问题一直是中国仲裁机构讨论和研究的焦点问题。借鉴国际仲裁机构对仲裁员费用的规定，中国仲裁机构规定的仲裁员报酬制度较为单一且费用较低，这一因素直接影响了境外仲裁员申请担任中国仲裁机构仲裁员的积极性。目前，北京仲裁委员会于 2019 年起实施新的仲裁收费办法，将仲裁员报酬与仲裁机构收费进行分类收取，在国内外仲裁界引发了广泛的关注。随着中国仲裁事业的发展，市场化竞争越来越激烈，仲裁机构应当建立符合仲裁发展方向、体现仲裁员核心地位、契合国际化需求的收费机制，但需要注意的是，调整收费机制的同时应当注意避免税费的加重。

第三，仲裁机构举办多样的仲裁员专业培训，提高仲裁员应对新经济形势、新类型纠纷的能力和水平。

目前，各地仲裁机构对仲裁员培训要求与规定各不相同，导致仲裁员综合素质的提升也存在较大差异。《若干意见》的出台对仲裁机构在仲裁员培训方面提出了要求。结合中国仲裁员培训的实际情况，建议仲裁机构举办多样的仲裁员专业培训，提高仲裁员应对新经济形势、新类型纠纷的能力和水平。例如，采取和高校、研究机构共建仲裁学院，为仲裁员岗前培训、业务培训、执业操守培训等提供平台；或采取与国际仲裁机构进行合作或共建平台，共同推动仲裁员对外交流等活动，提升仲裁员的综合水平。

（七）增强市场主体的仲裁法律意识

商事仲裁是国际通行的纠纷解决机制，也是服务“一带一路”倡议及自贸区建设中法律服务体系建设的重要部分。由于仲裁的保密性等特征，市场主体对商事仲裁的知晓度与适用度均较低。加强仲裁制度的宣传，有利于中国仲裁市场的开拓与仲裁事业的发展，展示仲裁对潜在外国当事人的吸引力，提高中国仲裁在国际仲裁界的地位。同时，有助于展示中国营商环境的重大进步和扩大对外开放的形象，借此吸引外资，服务于国家进一步改革开放的经济发展战略。对此，提出如下两点建议。

第一，仲裁机构开展多种活动，提升市场主体对仲裁服务的认知。

应加大政府机关、人民代表大会、政协及其他相关部门对商事仲裁的重视及支持力度，推动仲裁机构根据《若干意见》的相关要求，加强仲裁服务水平与服务能力的提升。同时，建议由区域性国际仲裁中心所在省市政府相关部门牵头，将区域性国际仲裁中心建设工作作为当前仲裁宣传工作的重要内容，积极通过网络、电视、报纸等媒体加强政策宣传解读，重点就工作理念、规划布局、工作思路和有关任务等加大宣传力度，营造区域性国际仲裁中心建设的良好氛围。

第二，仲裁机构应定期自行或委托第三方机构，开展市场主体对仲裁服务的满意度调查。

仲裁机构开展市场主体对仲裁服务的满意度调查，以及对仲裁机构服务能力等方面的综合评估，是加强社会监督的重要手段，也是仲裁机构不断完善持续发展的不竭动力，既有助于仲裁机构对标先进机制和先进经验，同时也有助于市场主体选择优秀的仲裁机构。

（八）培育配套法律服务体系

中央全面深化改革领导小组第二次会议审议通过《关于建立“一带一路”国际商事争端解决机制和机构的意见》（以下简称《意见》），提出建立“一带一路”国际商事争端解决机制和机构，坚持共商共建共享原则，依托中国现有司法、仲裁和调解机构，吸收、整合国内外法律服务资源，建立诉讼、调解、仲裁有效衔接的多元化纠纷解决机制，依法妥善化解“一带一路”商贸和投资争端。2019 年国务院《优化营商环境条例》第六十八条规定“政府及有关部门应当整合律师、公证、司法鉴定、调解、仲裁等公共法律服务资源，加快推进公共法律服务体系建设，全面提升公共法律服务能力和水平，为优化营商环境提供全方位法律服务”。多元化纠纷解决机制与公共法律服务体系建设已经成为推动中国法治营商环境建设、提升法治化进程的重要组成部分。对此，结合区域性国际仲裁中心对配套法律服务体系的需求，提出如下两点建议。

第一，地方政府出台政策，支持境外仲裁机构在区域内设立分支机构或办事机构，进行实质性仲裁案件管理，鼓励合格的外国机构或组织在区域内注册，发展国际仲裁业务。同时，支持区域内仲裁机构到境外设置分支机构或办事机构，拓展境外仲裁法律服务。

近年来，多家境外仲裁机构在中国设立办事机构或代表处，旨在拓展境外仲裁机构在中国的市场，提升其影响力。但是，境外仲裁机构在中国设立业务分支机构并未得到相关政策保障，仅在相关城市进行试点探索。例如2019年11月8日，上海市司法局发布了《境外仲裁机构在中国（上海）自由贸易试验区临港新片区设立业务机构管理办法》，文件指出，“2020年1月1日起，符合规定条件的在外国和中国香港特别行政区、澳门特别行政区、台湾地区合法成立的不以营利为目的仲裁机构以及中国加入的国际组织设立的开展仲裁业务的机构，可向上海市司法局提出申请在上海自贸区临港新片区登记设立业务机构，开展相关涉外仲裁业务，其中，业务机构可就国际商事、海事、投资等领域发生的民商事争议开展的涉外仲裁业务包括：案件受理、庭审、听证、裁决；案件管理和服务；业务咨询、指引、培训、研讨”。根据第六条规定，“境外仲裁机构申请在新片区设立业务机构的，应当具备下列条件：在境外合法成立并存续5年以上；在境外实质性开展仲裁业务，有较高国际知名度；业务机构负责人没有因故意犯罪受过刑事处罚的”。

在司法实践中，对于当事人选定境外仲裁机构进行仲裁，但仲裁地在中国的相关案件也得到了人民法院的支持。因此，根据上述实际，建议由区域性国际仲裁中心所在地区的政府部门出台相关政策，明确支持境外仲裁机构在区域内设立分支机构或办事机构，并探索相关便捷的管理模式，推动境外仲裁机构在中国的落地与服务。同时，上述政策应当具体且具有可操作性。例如，可参考西安市司法局、西安市财政局、西安市发展和改革委员会、西安市人力资源和社会保障局印发的《加快发展涉外法律服务业的若干意见》，“鼓励涉外法律服务机构在我市设立机构，对具有独立涉外部门、被司法部或中华全国律师协会评定为全国优秀的律师事务所（含与国外或港澳地区联营律师事务所），总部迁入我市的给予100万元落实补贴，设立分支机构的给予50万元落户补贴。对依法在我市设立并实际运营的仲裁、调解、鉴定、研究、培训、域外法查明等其他涉外法律服务企业、组织或机构，给予最高 50 万元落户补贴”。

第二，区域内仲裁机构与世界知名仲裁机构、商事调解组织建立多边或双边合作机制，相互为对方提供庭审设施、共享仲裁信息、互荐仲裁员等，为对方在本区域内办理仲裁业务提供便利。

近年来，中国仲裁机构和境外仲裁机构的交流与合作逐渐增强，多家国内仲裁机构与国际知名仲裁机构签订合作备忘录，多方面多层次进行合作。借鉴上述做法，加强国内外仲裁机构的合作，学习西方先进经验，有利于加快中国仲裁机构的国际化进程，为市场主体提供更为高效、便捷、国际化的仲裁法律服务。此外，2020 年中共中央印发了《法治中国建设规划（2020—2025 年）》（以下简称《规划》），第二十五条明确规定“围绕促进共建‘一带一路’国际合作，推进国际商事法庭建设与完善。推动我国仲裁机构与共建‘一带一路’国际仲裁机构合作建立联合仲裁机制”。对此，结合《规划》的相关要求及中国仲裁机构与境外仲裁机构的合作实践，建议区域性国际仲裁中心内的仲裁机构与世界知名仲裁机构、商事调解组织建立多方式的合作机制，并在庭审设施、信息共享、推荐仲裁员等方面相互提供便利与协助，加强仲裁机构间的合作交流。联合人民法院共同搭建“双核双驱动”的法律服务平台，即以司法及仲裁调解为争端解决机制的两个核心要素，共同搭建多元化纠纷解决平台与公共法律服务平台，为市场主体提供便捷、高效、一站式的全方位法律服务。

（九）强化仲裁研究与人才培养

仲裁理论研究与人才培养是中国商事仲裁法律制度可持续发展的重要支撑。一方面，对比研究国内与国际仲裁的理论与实务，梳理中国现行仲裁制度发展的制约因素，通过强化仲裁研究寻求解决方案；另一方面，仲裁人才的培养是仲裁提高服务质量、提升服务水平的重要因素。人才是仲裁发展的关键和核心，没有人才，中国仲裁的发展举步难行。对此，提出如下三点建议。

第一，地方政府在科研资金配置上向仲裁理论与实践研究倾斜。对从事研究仲裁前沿热点问题，创办优质仲裁研究刊物的有关科研院校、其他组织及个人，出台奖励政策和措施。建立地方涉外商事仲裁和国际争端解决人才库，入库仲裁从业专业人才可申请认定为高端人才，享受相关人才奖励和优惠政策。将仲裁人才引进纳入仲裁中心所在省市高端人才引进规划，提供子女入学、落户、购房、就医、出国（境）学习、停居留等方面政策支持和保障。

第二，仲裁机构与研究机构加强合作，建立常态化研究合作机制。通过定期交流学术成果、联合申报课题等多种形式开展仲裁理论和实践研究。同时，依托院校“双一流”建设单位和科研机构，联动仲裁机构和企业，共建一批涉外仲裁人才培养和继续教育基地。制订人才培养计划，开展国内外相关院校联合选拔、培养、交流涉外仲裁员和仲裁秘书工作机制。

第三，仲裁机构加强与其他国内外法律服务组织的交流合作，共同开展国际商事争端解决领域的法律问题研究。例如，联合国内外高校或研究机构，建立学者访问制度。开放仲裁交流和学习平台，接受高校或研究机构国际仲裁领域的学者进行长期或短期的访问或观察，建立常态化访问制度。联合国际仲裁机构、高校或研究机构，共建涉外仲裁人才专家库，联合高校，建立订单式仲裁法律人才培养计划，为仲裁机构储备高质量、专业化仲裁法律人才。

参考文献

一　中文文献（按姓氏字母顺序）

边永民、王资文：《我国法院适用重新仲裁制度的实证研究》，《商事仲裁与调解》2020 年第 4 期。

蔡鸿达：《英国仲裁法述评》，《法学杂志》1997 年第 3 期。

陈小君：《也谈仲裁法的修订》，《商事仲裁》2006 年第 1 卷。

陈小燕：《香港仲裁立法的新发展及对粤港仲裁合作的影响》，《法治社会》2019 年第 1 期。

崔起凡：《论国际商事仲裁中取证的法院协助——兼论我国相关制度的缺失与构建》，《国际商法论丛》2013 年第 1 期。

邓瑞平等：《国际商事仲裁法学》，法律出版社 2010 年版。

樊堃：《仲裁在中国：法律与文化分析》，樊堃等译，法律出版社 2017 年版。

房沫：《仲裁庭组成前的临时救济措施——以新加坡国际仲裁中心仲裁规则为视角》，《社会科学家》2013 年第 6 期。

冯丹荔：《浅析香港仲裁法改革》，《政法论丛》2008 年第 4 期。

付绪兵：《新加坡仲裁制度研究——新加坡仲裁机构》，《天府新论》2008 年 12 月。

傅攀峰：《法国仲裁制度的发展历程——从文艺复兴时期谈起》，《北京仲裁》2018 年第 2 期。

［英］格罗斯勋爵：《英国的法院和仲裁》，王文君译，《北京仲裁》

2019 年第 2 辑。

［澳］ Graeme Johnston：《中国商事仲裁中的当事人意思自治》，陈渊鑫译，《北京仲裁》2011 年第 2 辑。

顾昂然：《关于〈中华人民共和国仲裁法（草案）的说明〉》，载顾昂然《立法札记》，法律出版社 2006 年版。

郭寿康、赵秀文主编：《国际经济贸易仲裁法》，中国法制出版社 1995 年版。

高成华：《香港经济制度变迁对经济发展影响研究》，博士学位论文，武汉大学，2010 年。

韩健：《现代国际商事仲裁法的理论与实践》，法律出版社 2000 年版。

何艳华：《质疑与回应：国际商事仲裁的保密性》，《法治研究》2010 年第 9 期。

贾倞：《斯德哥尔摩国际商事仲裁的理论及实践》，《北京仲裁》2004 年第 3 期。

贾宇：《关于海洋强国战略的思考》，《太平洋学报》2018 年第 1 期。

姜丽丽：《谈我国仲裁机构的法律属性及其改革方向》，《比较法研究》2019 年第 3 期。

康明：《临时仲裁及其在我国的现状和发展前景》，《国际商法论丛》2001 年第 1 期。

李剑强：《香港仲裁机构的临时仲裁及其启示》，《北京仲裁》2006 年第 3 期。

李垒：《评香港国际仲裁中心 2018 版管理仲裁规则——从中国内地用户视角出发》，《世界海运》2019 年第 1 期。

李贤森：《中国国际商事仲裁中保全措施决定权分配的疑难问题与新近发展》，《武汉理工大学学报》2018 年第 6 期。

李铭锐：《致力提升香港作为国际仲裁中心的地位——专访香港国际

仲裁中心联合主席袁国强资深大律师》，《中国法律》2020 年第 5 期。

李正华：《中国仲裁制度研究》，《当代法学》2003 年第 3 期。

刘晓红、冯硕：《论国际商事仲裁中机构管理权与意思自治的冲突与协调——以快速仲裁程序中强制条款的适用为视角》，《上海政法学院学报》2018 年第 5 期。

刘炯、汤旻利、张骋远：《国际商事仲裁在亚太的新发展——以各国及地区创新为视角》，《上海法学研究》2019 年第 17 卷。

刘俊、陈原斌：《中英两国仲裁法仲裁员制度之比较研究》，《江西社会科学》2003 年第 8 期。

刘克江：《英格兰和威尔士的国际商事仲裁制度及启示——全国律协“涉外律师领军人才”赴英国培训感悟》，《中国律师》2017 年第 4 期。

刘晶：《论中国国际投资争端解决机构的创建——以弥补 ICSID 机制缺陷为视角》，《巢湖学院学报》2020 年第 5 期。

刘斌、王春福等：《政策科学研究》，人民出版社 2000 年版。

龙振奕：《香港国际航运中心法律制度探析——以香港仲裁制度为例》，《广西政法管理干部学院学报》2013 年第 3 期。

陆效龙、吴兆祥：《〈关于适用仲裁法若干问题的解释〉的理解与适用》，《人民司法》2006 年第 10 期。

梅傲：《仲裁机构地域性困局究因》，《河北法学》2020 年第 9 期。

乔丽荣：《仲裁裁决执行难的成因及解决对策》，《山西省政法管理干部学院学报》2019 年第 3 期。

漆彤：《伦敦国际仲裁院及其借鉴》，《人民法院报》2017 年 8 月 1 日第 8 版。

齐树洁、蔡从燕：《1996 年香港仲裁条例述评》，《现代法学》1999 年第 5 期。

宋连斌、赵健：《关于修改 1994 年中国〈仲裁法〉若干问题的探讨》,《国际经济法论丛》第4卷,法律出版社2001年版。

上海国际经济贸易仲裁委员会课题组:《上海构建国际仲裁中心路径研究》,《上海国际仲裁评论》(2018年卷),法律出版社2018年版。

沈德咏、万鄂湘主编:《最高人民法院仲裁法司法解释的理解与适用》,人民法院出版社2016年版。

沈四宝、沈健:《中国商事仲裁制度的特征与自主创新》,《法学》2010年第12期。

石现明:《新加坡国际国内商事仲裁制度比较研究》,《东南亚纵横》2011年第4期。

苏艺靓:《新加坡仲裁制度新发展述评》,《东南司法评论》2017年第10期。

孙巍:《中国商事仲裁法律与实务(第二版)》,法律出版社2020年版。

唐晋:《大国崛起》,人民出版社2006年版。

万鄂湘:《〈纽约公约〉在中国的司法实践》,《法律适用》2009年第3期。

汪祖兴:《民事诉讼证据规则与仲裁证据规则的差异性解读》,《广东社会科学》2005年第4期。

王金兰:《国际商事仲裁司法监督研究》,《河北法学》2004年第7期。

王江雨:《"威权"体制下的"司法独立"——新加坡司法体制对中国的启示》,《中国法律评论》2014年第1期。

王徽《〈国际商事仲裁示范法〉的创设、影响及启示》,《武大国际法评论》2019年第3期。

王红松:《〈仲裁法〉存在的问题与修改建议》,《北京仲裁》2004年第2期。

王建敏、卢建莉:《明辨理念梳理规则 提升审查工作质效——陕西省高级人民法院关于仲裁司法审查报核案件审查情况的调研报告》，《人民法院报》2020 年 10 月 22 日第 8 版。

王金兰：《国际商事仲裁司法监督研究》，《河北法学》2004 年第 7 期。

伍俐斌：《香港建设“一带一路”仲裁中心的机遇、挑战与路径》，《特区实践与理论》2018 年第 3 期。

王铭：《英国工业革命与世界工业霸权》，《辽宁大学学报》2006 年第 2 期。

向阳：《最受欢迎国际商事仲裁地之析》，《北京仲裁》2009 年第 3 辑。

余劲松：《国际投资法》，法律出版社 2018 年版。

余先予、叶明：《关于仲裁法修改的几个问题》，《商事仲裁》2006 年第 1 卷。

杨金森：《海洋强国兴衰史》，海洋出版社 2014 年版。

杨良宜、莫世杰、杨大明：《仲裁法：从 1996 年英国仲裁法到国际商务仲裁》，法律出版社 2006 年版。

杨玲：《香港国际仲裁中心（HKIAC）与中国内地：趋势与机遇》，《法制日报》2018 年 8 月 13 日第 6 版。

杨炎龙：《国际商事争议解决——如何在新加坡和香港进行国际商事仲裁》，中国商务出版社 2011 年版。

易欣：《小国瑞士的“大说法”》，《群众》2017 年第 6 期。

张心泉、张圣翠：《论我国临时仲裁制度的构建》，《华东政法大学学报》2010 年第 4 期。

张朝勇：《我国仲裁机构设置与市场化改革研究》，《商事仲裁与调解》2021 年第 1 期。

赵大城：《在上海“香港法律服务论坛”开幕式上的致辞》，《中国法律》2010 年第 4 期。

赵健：《国际商事仲裁的司法监督》，法律出版社 2000 年版。

赵健：《回顾与展望：世纪之交的中国国际商事仲裁》，《仲裁与法律》2001 年第 1 期。

赵欣瑶：《紧急仲裁员制度效力问题探究》，《仲裁研究》2019 年第 2 期。

赵蕾、范铭超、林逸夫：《国际商会纠纷解决机制及其启示》，《人民法院报》2017 年 8 月 18 日第 8 版。

朱昕昱：《法国仲裁制度的发展与完善》，《人民法院报》2018 年 3 月 2 日第 8 版。

二　外文文献

Bruce Harris, "Maritime Arbitration in London", *The International Journal of Arbitration, Mediation and Dispute Management*, Vol. 66, No. 1, 2000, p. 21.

CIArb, "A framework for evaluating the best arbitral seat", https://ciarb.org/resources/features/a-framework-for-evaluating-the-best-arbitral-seats/.

City of London, "City Timeline", https://www.cityoflondon.gov.uk/things-to-do/history-and-heritage/city-timeline.

Eugene K. B. Tan, "Harmony as Ideology, Culture, and Control: Alternative Dispute Resolution in Singapore", *Australian Journal of Asian Law*, Vol. 9, No. 1, 2007.

Filip De Ly, "The Place of Arbitration in the Conflict of Laws of International Commercial Arbitration: An Exercise in Arbitration Planning", *Journal of International Law & Business*, Vol. 12, Issue 1, 1991.

GaWC, "The World According to GaWC", https://www.lboro.ac.uk/microsites/geography/gawc/world2020t.html.

Maxi Scherer, Lisa Richman, et al., *Arbitrating under the* 2020 *LCIA Rules*:

A User's Guide, Netherlands: Kluwer Law International, 2021.

Michael Ostrove, Claudia T. Salomon, Bette Shifman, et al. , *Choice of Venue in International Arbitration*, Oxford: Oxford University Press, 2014.

Nigel Blackaby, Constantine Partasides, et al. , *Redfern and Hunter on International Arbitration*, 6th Edition, Netherlands: Kluwer Law International, 2015.

Petros N. Tassios, "Choosing the Appropriate Venue: Maritime Arbitration in London or New York?", *Journal of International Arbitration*, Vol. 21, No. 4, 2004.

Queen Mary University of London (School of International Arbitration), "2021 International Arbitration Survey: Adapting Arbitration to a Changing World", https://arbitration. qmul. ac. uk/research/2021-international-arbitration-survey/.

Queen Mary University of London (School of International Arbitration), "2018 International Arbitration Survey: The Evolution of International Arbitration", https://arbitration. qmul. ac. uk/media/arbitration/docs/ 2018-International-Arbitration-Survey—The-Evolution-of-International-Arbitration- (2) . pdf.

SIAC, "SIAC Annual Report 2021", https://siac. org. sg/images/stories/articles/annual_ report/SIAC-AR2021-FinalFA. pdf.

Singapore Ministry of Law, "Public Consultation on International Arbitration Act", https://www. mlaw. gov. sg/news/public-consultations/ public- consultation-on-international-arbitration-act.

Yong Tong Ang, "SIAC: Arbitration in the New Millennium", (2000) Singapore Law Gazette, http://www. lawgazette. com. sg/2000-1/Jan00-20. htm.